バックキャスト思考とSDGs/ESG投資

北川哲雄 編著
Kitagawa Tetsuo

同文舘出版

執筆分担 (執筆順)

北川　哲雄	序	
林　寿和	第1章，column 5	
姜　理恵	第2章	
林　順一	第3章	
小崎亜依子	第4章	
小方　信幸	第5章	
市野　初芳	第6章	
高山与志子	第7章	
加藤　晃	第8章	
佐藤　淑子	第9章	
芝坂　佳子	第10章	
櫻井　功男	column 1	
齋藤　哲哉	column 2	
近藤　成径	column 3, 7, 9	
松山　将之	column 4	
木下　靖朗	column 6	
岩田　宜子	column 8	

目　次

序　フォーキャスティングとバックキャスティング ── 3

第I編　持続可能な世界の実現 ―SDGs―

第1章　SDGsを巡る潮流と株式投資の視点 ── 15
- I　はじめに ……… 15
- II　SDGsを巡る潮流 ……… 19
  1. SDGsとは　19
  2. 民間企業の関心を集めるSDGs　22
  3. 財界や業界団体に企業横断的な活動が広がる　24
  4. 非財務情報の開示基準等策定団体の動向　26
- III　SDGs投資の視点 ……… 28
  1. SDGs投資の意義　28
  2. SDGsへの貢献を通じて企業価値を高める企業を見極める　30
  3. 今後の日本企業への期待　32
- IV　おわりに ……… 34

第2章　SDGsとイノベーション
　　　　―技術と市場を結ぶ「共通言語」と「羅針盤」― ── 41
- I　はじめに ……… 41
- II　SDGsと科学技術 ……… 42
  1. SDGsとわが国におけるイノベーション政策のつながり　42
  2. 「Society5.0」の実現とSDGsの融合　45
- III　SDGsと企業経営 ……… 46
  1. 企業はなぜSDGsに取り組むのか　46
  2. SDGsは技術と市場を結ぶ「共通言語」　47

Ⅳ　イノベーション創出に寄与するベンチャー企業 ……… 51
　　　1．ベンチャー企業にとってSDGsは経営の「羅針盤」　51
　　　2．SDGsとベンチャービジネス─事例紹介─　55
　Ⅴ　おわりに ……… 57

第Ⅱ編	株主価値と社会的価値の止揚 ─ESG投資─

第3章　ESG投資とSDGs ─投資家と企業の動機─ ── 65

　Ⅰ　はじめに ……… 65
　Ⅱ　ESG投資と受託者責任
　　　─投資家がESG投資に積極的な理由 ……… 65
　　　1．問題の所在　65
　　　2．SRIの時代　66
　　　3．ESG投資の時代　67
　　　4．SDGsの影響を受けたESG投資の時代　72
　Ⅲ　SDGsと企業価値向上─企業がSDGsに積極的な理由 ……… 73
　　　1．問題の所在　73
　　　2．SDGsに取り組む企業の動機　74
　　　3．今後の課題　77
　Ⅳ　おわりに ……… 79

第4章　新たなステークホルダー
　　　　「フリーランス」についての一考察 ── 87

　Ⅰ　「フリーランス」という新たなステークホルダー ……… 87
　　　1．「フリーランス」とは　88
　　　2．「フリーランス」と企業との関係　91
　Ⅱ　企業はフリーランスとどう向き合うべきか ……… 97
　　　1．フリーランスの重要性が増す背景　97
　　　2．新たなステークホルダーとの関係性構築　99
　Ⅲ　おわりに ……… 101

第5章 ESG投資推進の課題
―アセット・オーナーの役割と責任― ―――― 109

- Ⅰ はじめに ……… 109
- Ⅱ わが国で盛り上がるESG投資とは ……… 110
- Ⅲ アセット・オーナーの役割と責任 ……… 112
- Ⅳ アセット・オーナーによるESG投資の現状 ……… 113
  1. GPIFの現状　113
  2. 共済年金　115
  3. 企業年金連合会　117
- Ⅴ アセット・オーナーの課題と可能性 ……… 119
  1. インハウス・マネジャーによるアクティブ運用　119
  2. エンゲージメントおよび議決権行使　120
  3. 企業年金基金のESG投資推進　121
- Ⅵ おわりに ……… 122

第Ⅲ編　長期的な企業価値向上への取組み
―コーポレートガバナンス―

第6章 ソフトローとしての　コーポレートガバナンス・コード
―マレーシアの事例を中心にして― ―――― 131

- Ⅰ はじめに ……… 131
- Ⅱ ソフトローの定義と検討のための基本的視点 ……… 132
- Ⅲ コーポレートガバナンス・コードの策定主体と策定経緯 ……… 134
  1. 「上からの規範」としてのコーポレートガバナンス・コード　134
  2. 初版MCCGの基本的な考え方　135
- Ⅳ マレーシア企業におけるコーポレートガバナンスの問題点 ……… 136
  1. 実質よりも形式を優先するガバナンス実務　136

  2. "Apply or Explain" アプローチの検討　137
 Ⅴ　"Apply or Explain Alternative" アプローチの導入 ……… 139
  1. 新たな CG コードの構成　139
  2. CG コード適用のための思考プロセス　140
 Ⅵ　おわりに ……… 141

第7章　日本企業における取締役会評価の現状と今後の課題 ── 149

 Ⅰ　はじめに ……… 149
 Ⅱ　コーポレートガバナンス・コードと取締役会評価 ……… 149
  1. コーポレートガバナンス・コード策定の過程　150
  2. コーポレートガバナンス・コードの有識者会議における取締役会評価に関する議論　151
  3. 改訂コーポレートガバナンス・コードにおける取締役会評価　152
 Ⅲ　英国における取締役会評価 ……… 153
  1. 英国における取締役会評価の進展の状況　153
  2. 2018年ガバナンス・コードと取締役会評価　154
 Ⅳ　日本企業における取締役会評価の現状 ……… 156
  1. 取締役会評価実施企業の推移　156
  2. 取締役会評価の実施におけるポイント　158
 Ⅴ　取締役会評価の内容 ……… 159
  1. 評価のプロセス　159
  2. 評価の結果と他社比較　163
  3. 評価の結果と取締役会の実態　165
  4. 評価の実例からみる取締役会の課題　167
 Ⅵ　投資家からみる取締役会評価 ……… 170
  1. 投資家と企業の見方　170
  2. 取締役会評価の開示　172
 Ⅶ　おわりに ……… 173

第Ⅳ編 企業と投資家の高質な対話
―インベスター・リレーションズ―

第8章 リスクアペタイトと価値創造 ── 183
Ⅰ はじめに―リスクアペタイトとは何か ……… 183
Ⅱ 国・団体による理解の違い ……… 184
　1. 英国　184
　2. 米国　184
　3. 日本　185
　4. 定義の整理　186
Ⅲ リスクアペタイトと経営行動 ……… 187
　1. リスクアペタイトに影響する諸要因　187
　2. リスクアペタイトと経営戦略　188
　3. リスクアペタイト・ステートメントとは何か　189
　4. リスクアペタイト・ステートメントの策定　190
Ⅳ リスクアペタイトとステークホルダー ……… 192
Ⅴ リスクアペタイトと企業文化 ……… 195
Ⅵ おわりに
　　―サステナブル経営を実行に移す1つの提案 ……… 197

第9章 開示と対話を企業価値につなげる
　　　ベストプラクティス ── 205
Ⅰ はじめに ……… 205
Ⅱ 日本企業のIR変革 ……… 206
　1. 金融危機（リーマン・ショック）後のIR活動　206
　2. ダブル・コードの意義を踏まえたIRと課題　208
　3. 課題に対応する企業と未対応の企業に対する
　　アナリスト・投資家などの評価差　211
Ⅲ IR優良企業の活動事例 ……… 213
　1. IR優良企業の活動事例と課題　213

2. 企業の成長ステージや業種特性に即した
　　　ESG情報開示の重要性　218
　Ⅳ　IR変革に対する投資家の反応と評価 ……… 219
　　1. ESG投資の拡大　219
　　2. IR評価の変化―IR優良企業賞の項目別評価の推移から　220
　　3.「ESG」「ガバナンス」への具体的な評価や改善への
　　　期待コメント　222
　Ⅴ　おわりに ……… 223

第10章　日本企業の統合報告書の成果と課題 —— 229

　Ⅰ　はじめに ……… 229
　Ⅱ　統合報告書に関する調査（先行研究）……… 230
　　1. わが国における「統合報告書」の実態調査　231
　　2. Insights into integrated reporting 2.0：walking the talk　232
　　3. 124社の統合報告書の分析
　　　（Integrated Reporting Movement Chapter 6）　234
　Ⅲ　日本の統合報告書はどうかわってきたか ……… 235
　　1. 統合報告書を巡る出来事　236
　　2. 報告書の形式的概括　236
　　3. 価値創造ストーリー / ビジネスモデル　239
　　4. マテリアリティ　241
　　5. リスクと機会　241
　　6. コーポレートガバナンス　243
　Ⅳ　目的適合性のある統合報告書にむけた課題 ……… 245
　　1. 任意か制度かを超えたところにある目的　245
　　2. 統合報告書は成果の1つで通過地点　246
　　3. 企業責任を果たすために　247
　Ⅴ　おわりに
　　　―持続的社会実現のために統合報告書が担うもの ……… 247

　　あとがき ——— 251

column 一覧

column 1
サステナビリティを事業戦略に統合している企業は？ ——— 37

column 2
SDGs と病院経営 ——— 59

column 3
CSV の「代表選手」は,代表であり続けられるのか
—Nestle の事例 ——— 82

column 4
ESG 情報は,投資情報として利用されているのか ——— 104

column 5
企業開示情報のみに基づく ESG 評価は
企業の真の姿をどこまで正確に捉えているか？ ——— 124

column 6
質的研究のススメ ——— 144

column 7
Triple Bottom Line ＋
ガバナンス (TBL ＋ G) の意義—Novo Nordisk の事例 ——— 176

column 8
今一度企業における IR を考える ——— 200

column 9
「戦略的提携」の価値—中外製薬 - Roche 間の事例 ——— 225

略語一覧

略称	英語表記	邦訳
ACCA	Association of Chartered Certified Accountants	英国勅許公認会計士
CGコード	Corporate Governance Code	コーポレートガバナンス・コード
CSR	Corporate Social Responsibility	企業の社会的責任
FDルール	Fair Disclosure Rule	フェア・ディスクロージャー・ルール
FRC	Financial Reporting Council	英国財務報告評議会
GPIF	Government Pension Investment Fund	年金積立金管理運用独立行政法人
GRI	Global Reporting Initiative	グローバル・レポーティング・イニシアチブ
IR	Investor Relations	（主として投資家を対象とした）情報開示
IIRC	International Integrated Reporting Council	国際統合報告評議会
IIRCフレームワーク	International Integrated Reporting Framework	国際統合報告フレームワーク
JSIF	Japan Sustainable Investment Forum	NPO法人日本サステナブル投資フォーラム
MDGs	Millennium Development Goals	ミレニアム開発目標
MSWG	Minority Shareholder Watchdog Group	非支配株主監視グループ
PRI	Principles for Responsible Investment	責任投資原則／PRI推進団体
RA	Risk Appetite	リスクアペタイト（リスク選好）
RAS	Risk Appetite Statement	リスクアペタイト・ステートメント（声明文）
SASB	Sustainability Accounting Standards Board	米国サステナビリティ会計基準審議会
SC	Securities Commission	証券委員会（マレーシア）
SDGs	Sustainable Development Goals	持続可能な開発目標
SRI	Socially Responsible Investment	社会的責任投資
UNEP-FI	United Nations Environment Programme Finance Initiative	国連環境計画・金融イニシアチブ
UNGC	United Nations Global Compact	国連グローバルコンパクト
WICI	World Intellectual Capital/Assets Initiatives	世界知的資本・知的資産推進機構

バックキャスト思考とSDGs/ESG投資

序

フォーキャスティングとバックキャスティング

　編者である私（北川）は過去14年間にわたり，すなわち大学の専任教員になって以降，様々な論考を披歴する機会があった。その間，常に「長期投資家の必要性」そのための「長期業績予想」の必要性を訴えてきた。しかし今ここで思うことは何か私が主張してきたことが十分説得力をもたないものであった，もっと直截にいえばピントのズレた意見として資本市場関係者によって捉えられてきたような気がする。

　その要因は何かと問われれば「経験の相違」ということになるのではないか，と最近考えるようになった。このことを自覚したのは私がかつて在籍したある外資系機関投資家のOB/OG会に出席したときにかつての同僚から指摘されたことにヒントを得たからである。

　その運用機関にバイサイドの医薬品セクター担当のアナリストとして私が在籍したのはバブル崩壊直後（1990年代前半）であった。それ以前はセルサイドでアナリスト活動を行っており，同じく医薬品セクターを担当していた。

　セルサイドからバイサイドに移ることによる最大の違いは何かといわれれば，バイサイドの場合主な役割は自社の「運用成績」に直接貢献するという点につきよう。セルサイドであっても顧客の運用成績に貢献するということは重要であるが，数ある役割の1つにすぎない。

　優れた運用機関は固有の運用哲学・投資評価手法をもっている（いなければならない）。私の所属した会社の場合1980年代に配当割引モデル（DDM）を投資評価手法の中核に据えた。全アナリストにカバレージ対象企業に配当割引モデルを適用して内在価値を算定させ，現実の株価との乖離度によって割安

株を探り当てるというものである。

　より具体的には7年間の業績予想を忠実に行い，もって内在価値を測定し，そのうえで妥当株価を算定する。そして現在株価との乖離度でその魅力度を5段階（クインタイル）に区分し，上位の第1クインタイルあるいは第2クインタイルを中心にしてポートフォリオを構成するというものであった。セクターニュートラル（各セクターの配分ウェイトをほぼ均等にする）の手法もとっていたので個々のアナリストはセクターインデックスに打ち勝つことが使命となった。

　私がセルサイドアナリストとして活動していた時代はいわゆるバブル期でありそのような投資評価手法がもっとも否定される時代であった。当時私は実はその手法にアナリストとして惹かれながらも不安を抱えていたことも確かである。本国（ニューヨークが本社）の調査部長A氏に率直に訊ねたこともある。

——私：日本でのこれまでの市場特性を考えると，DDMの適用は不安である。果たしてワークするのだろうか。

——A氏：80年代のような異様な相場は長くは続かない。東京市場では相場の下落局面が続くだろう。その後にはアナリストの慧眼が試されることになろう。1〜2年先の企業業績は市場参加者のほとんどが読み合っていてコンセンサスができている。我々が目指すのはその遥か先までの業績を測定することである。

——私：ニューヨーク本社ではDDMの運用は上手くいっていると聞いている。それは何故か。

——A氏：我々の投資パフォーマンスが良好でないとすると，それはDDMという投資評価手法にあるのではない，我々の長期業績の方向性の算定を間違えた場合に起こる。なぜなら株価は長期的には業績動向と相関するからである。パフォーマンスが悪いのはDDMのせいではない。アナリストの千里眼があれば，すなわちスーパーアナリストであれば必ず良好なパフォーマンスが得られる。先ず貴方のすることはDDM

・・・・
教に帰依することである。

　なるほどと思いつつも不安（果してそんなスーパーアナリストになれるものなのか？）を抱えながら長期業績予想に真剣に取り組むこととなった。医薬品セクターはその当時からグローバルな展開をしておりニューヨークとロンドンのアナリストとの連携は欠かせなかった。3人でグローバルヘルスケア・ファンドを組成したこともあった。そのために7年間の業績予想を行うことは至難の業であった。3人の業績予想の整合性をとるためには議論を重ねなければならないからである。何度コンファレンスコールを行ったことか。
　日本のある企業の治療薬が米国でシェアを獲得するであろうとして予想を立てたとしても欧米企業の競合品の売上動向との整合性が取れなければならない。さらに厄介なのは現在開発中の薬剤に対する評価をどうするかである。基礎的な薬効のメカニズム，臨床試験の成績はすでに公開されていることが多く，丹念に精査したうえで予想を立てなければならない。
　ここまでの作業はいわゆるフォーキャスティング（Forecasting）といわれるものであろう。既存のサイエンスの知見として確立したものを理解しつつ開発の進展をみて緻密に売上予想を立てることが必要である。これに対し3人で議論したことのなかに最新のサイエンスの動向もある。2008年当時，現在大型薬化している「免疫チェックポイント阻害剤」は基礎的サイエンスのレベルではかなり話題になっていた。全くそれまでと異なる発想の抗がん剤である。2008年時点では業績予想をする際にはかなり未知数のものであるが，もし順調に進んでいけばという思いを馳せることは実は重要なことである。私の理解ではこれはバックキャスティング（Backcasting）という思考様式だと思う。
　ところでバックキャスティングという言葉から遠い未来を予想すると思う人も多いと思うが，実は足元に起こっていることの本質・課題を既成概念にとらわれず再確認すると言う効用もあることに気付かされたものである。本質・課題を深く探らないで評価を行うことは長い間に必ず破たんをきたすか

らである。

　とにかく今になって思うと3人で他愛のない話をしていたことが貴重なものだったと思う。まことに爽やかな風が吹いていた。

　純粋にアカデミックの世界で懸命に取り組まれていることは現状においては治療満足度が低くかつ重篤な病態を克服するためのものばかりである。C型肝炎キャリアで肝炎を発症している方々に有効な治療薬は永年開発されてきておりそれなりに進展があったがギリアドのソバルディやハーボニーの上市によって効果は一変した。いわゆるブレークスルー・セラピーである。

　すぐに業績予想に織り込み直ちに投資意思決定に役立つことができないとしても常にこういったことに関心対象をもつことはアナリストとして大成することに繋がるともものと今になって思う次第である。

　参照1は粗雑な概念図であるが，いいたいことは以下のような点である。サイエンスレベルでは夢の新薬といった段階でいったん市場においてもてはやされるがいったんブームが過ぎると，流行ものが廃れるように株式市場では人気がなくなる。しかし，実際のサイエンスにおいては研究者によって着実に進み，いつしか再び脚光を浴びるようになる。ここで株価は再び反応す

参照1

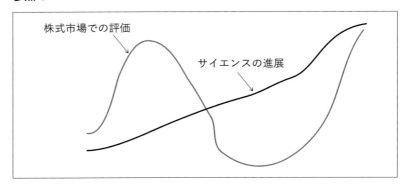

出所：筆者作成。

るわけであるが，アナリストとして基礎的な分野への観察も怠らないことが企業の長期的価値をみてゆくのに必要であり，再び脚光を浴びる前に「評価」を済ましておかなければならない。感度の鋭いアナリストであればそれができたであろう。

　ここまで私がバイサイドアナリストとして体験したことの「長期投資家」の本質をある程度お伝えできたのではないかと思う。大変失礼ながらわが国の資本市場では自称「長期投資家」はいるが，私が体験したことを真摯に行っている運用機関は少数ではないかと思う。ついでながら1990年当時のロンドンの同僚アナリストは未だ現役のセクターアナリスト兼グローバルヘルスケアファンドのポートフォリオマネジャーとして活躍している。また私より年配の当時のニューヨークの調査部長（上述のA氏）もポートフォリオマネジャーとしていぶし銀の仕事をしている。

　閑話休題。これまでの記述からダブルコードや伊藤レポートでしきりに強調されている「短期投資」から「長期投資」へのシフトといったスローガンの意味は恐らく私が受け止めている時間軸と一般の資本市場関係者達と全く異なるように思えるのである。

　しかし，企業の時間軸は本来，私が経験してきた時間軸よりもさらに長い。もちろん短期的対応も迅速にこなしながら超長期対応も行っている。問題の所在は機関投資家側（自称，長期投資家）にむしろあるのではというのが私の意見である。

　このような感覚は正直，経験してみないとわからない。冒頭OB/OG会で指摘されたのはそのことである。こう考えると絶望的になるとともに逆に問題の所在が明確化してきたような気がする。

　バックキャスト思考はアナリストにとって必要なものではあるが，しかしそれを業績予想に直接反映させるのはたとえ7年という期間行うとしても難しい。すなわちSDGsやESG活動状況をキャッシュフロー予想と関連付けることは難しいことと同じである。

　したがって，ESGやSDGsをテーマとしたファンドが成立するとすればケ

インズのいう「美人投票」論の効用を期待しているからではないかと推察する。

　すなわち，業績予想に織り込むことは現段階ではできないけれども，社会・政治の関心が高いことで方向性についての蓋然性が高まってきたこと（あるいは高まってきそうなこと）を銘柄選択に反映しようとする手法は有効かもしれない。他社のファンドマネジャーがそういった動向に敏感であれば実際にその可能性だけでポートフォリオに組み込むかもしれないからである。そこで特定の株価が人気化したらしめたものである。

　毎日ESGやSDGsに関するニュースが発信される。環境問題でいえば「プラスチック処理」に関連し新しい規制が国際的に設定されるとする。されてからでは遅いので規制の動向をにらんで銘柄を選定する。そこで選好されそうな銘柄群を予想し前もって購入する，といった投資行動もありえよう。

　もっと手の込んだ考えとしてESG情報サービス会社は個々の銘柄のESG格付けを行っており，その格付けの変化を予想して（もし当該サービス会社の社会的評価が高ければ）ポートフォリオを組むということも考えられよう。

　もっともここでの前提はファンドがパフォーマンスにこだわる場合である。もしこだわらない，すなわちパフォーマンスは度外視して，ESGやSDGsの活動評価を緻密に行い自らの価値判断でポートフォリオを作成しポートフォリオを構成するのだ，という考え方もあるかもしれない（おそらく現実にはあり得ないであろうが）。

　ここで消去法として考えられるのがインテグレーションという手法であろう。ESGやSDGsのグレーディング（評価をしてグレードを付ける）を行う一方で業績予想を行い，そこから魅力的な銘柄のグレーディングを行う。両方のグレードの高いものでポートフォリオを構成しようとするものである。

　しかしこのファンドの問題点はパフォーマンス分析がしにくいという点である。運用成績が良好だとして，その良好さがどのファクターによるものかは恐らく分析不能であるということである。

　だいぶネガティブな意見を述べてきたが，一方で私はバックキャスト思考

の必要性を大いに感じている。上述したとおりアナリストやファンドマネジャーが成長するうえで大変重要な発想法であると確信もしている。

　本書は以上述べた問題意識で生まれた。

　本書は4編10章にわかれる。第Ⅰ編は「持続可能な世界の実現―SDGs―」としている。最初の第1章は「SDGsを巡る潮流と株式投資の視点」と題されている。SDGsという2030年までを見据えた壮大なグローバルな社会的ゴール（目標）を株式投資の視点からいかに捉えるべきかを示している。続く第2章「SDGsとイノベーション―技術と市場を結ぶ「共通言語」と「羅針盤」―」はSDGs達成のために企業に託された大きな課題はイノベーションであるという視点から論じている。

　第Ⅱ編は「株主価値と社会的価値の止揚―ESG投資―」と題している。ESG投資のうちとりわけE（環境）とS（社会）は外部要因すなわち社会的要請であり，極端にいえば現行の法的規制を満たしていれば問題ないとする考えは今でも根強い。しかしESG投資家の勃興，責任投資を全うしようとする巨大なパッシブインベスターの台頭は株主価値と社会的価値両方を見据えた投資手法がメインストリームになることを示している。第3章「ESG投資とSDGs―投資家と企業の動機―」はESG投資についての課題を指摘している。第4章は「新たなステークホルダー「フリーランス」についての一考察」と題しているが，ESG投資家が重視する企業によるステークホルダー・エンゲージメント活動のうえで今後重要となると予想される「フリーランス」という新たな存在の意義を述べている。続く第5章は「ESG投資推進の課題 ―アセットオーナーの役割と責任―」をテーマとしている。資本市場を真に活性化させるにはアセットオーナーによるESG投資への関心が高まらなければならないが，その点を深掘りして述べている。

　第Ⅲ編は「長期的な企業価値向上への取組み ―コーポレートガバナンス―」と題しESGのうちG（コーポレートガバナンス）の側面に着目している。第6章は「ソフトローとしてのコーポレートガバナンス・コード ―マレーシアの事例を中心にして―」である。日本人にとってソフトローの適用はこれ

まで馴染みのかったものであり，様々な軋轢をこれまで産んできているが，本章はマレーシアの事例を紹介してソフトローの本質を抉り出している。続く第7章は「日本企業における取締役会評価の現状と今後の課題」について詳説されている。日本における取締役会評価は英国に比べやや異質な発展を遂げてきているがその問題点が浮き彫りにされている。

最後の第Ⅳ編は「企業と投資家の高質な対話―インベスター・リレーションズ―」と題している。第8章は「リスクアペタイトと価値創造」と題して，サステナブル経営遂行のうえでのリスクアペタイト・ステートメントの策定の重要性を指摘している。同時に投資家が企業価値を算定するうえでの重要情報となりうるとの認識を示している。第9章は「開示と対話を企業価値につなげるベストプラクティス」について論じている。日本企業のIR（インベスター・リレーションズ）活動は過去10年大きな変容を遂げてきたがその足跡をたどるとともにベストプラクティス企業の特徴を示している。最後の第10章のテーマは「日本企業の統合報告書の成果と課題」である。日本企業において統合報告書の作成はかなり浸透してきたが，精粗の差があったり，情報を利用する側の機関投資家の問題もあり，課題も多い。そのあたりを整理し今後の課題を論じている。

なお，本書の特徴として各章に「コラム」（9つ）を設けている。各章における議論を補足し具体例・考え方のヒントになるコーナーである。量的には数ページのものが多いがいずれもキラリと光る論考となっている。

さて，本書はそもそも私（編者）の青山学院大学の退職記念（2019年3月末）として目論まれた。こういった書物は得てして関係者が専門の関心事をバラバラに記すケースが多い。幸いその心配は杞憂に終わった。自画自賛であるが執筆者の皆さんの問題意識が広い意味で「1つ」であったためであろう。

私の財産はこのような優れた人々と研究ができたことである。土曜日の午後にオープンゼミと称して博士課程のゼミ生，MBAのOB/OGゼミ生，その他くるもの拒まず，去る者追わずという基本姿勢で10数年やってきた。幸い去る人はほとんどいなかった。

侃々諤々話し合うというのは素晴らしい。昔，丸山真男を囲む会もそうであったと，ある本にあった。私の博士課程時代の恩師呉天降先生のゼミもそうであった。

　幸い4月以降も大学で教えたり研究機関で研究する機会が与えられている。私自身が教え子の皆さんに負けないようにさらに勉強をしていきたいと思う。この年になって思うことであるが勉強することはまことに楽しい。

　先日高校の同窓会に行った時，裁判官を務め来年今の仕事を辞めることになっている親友B君から「時間がフリーになったら昔サークルでやっていたように歯ごたえのある本の輪読会を一月に一回くらいでやらないか」といわれた。同じく親友のC君も賛同した。

　これといって趣味のない小生にとってハッとする思いであった。古典的名著も読み直そうと思う。これも楽しみである。

　最後に本書の刊行にあたり同文舘出版の編集部の方々とりわけ青柳裕之様と有村知記様に大変お世話になった。改めてここで深謝したい。

2019年2月

執筆者を代表して
北川　哲雄

第 I 編

持続可能な世界の実現
―SDGs―

持続可能な世界はどうしたら実現できるのであろうか。第1章はSDGsという2030年までを見据えた壮大でグローバルな社会的ゴール（目標）を株式投資の視点からいかに捉えるべきかを示している。第2章はSDGs達成のために企業に託された大きな課題はイノベーションであるという視点から論じている。

掲載 column
「サステナビリティを事業戦略に統合している企業は？」
「SDGsと病院経営」

第1章

SDGsを巡る潮流と株式投資の視点[1]

I　はじめに

　昨今、「持続可能な開発目標」（Sustainable Development Goals：SDGs）に対する関心が高まっている。SDGsは、2015年の「国連持続可能な開発サミット」で採択された「持続可能な開発のための2030アジェンダ」に記載された、2016年から2030年までの国際的な目標である。

　SDGsが採択されてから3年目にあたる2018年時点において、SDGsに関して特筆すべきことの1つは、多くの論者が指摘しているように、民間企業による関心を過去に例を見ないほどに集めている点である。たとえば蟹江(2018)は、2017年を、企業や自治体などにおける「SDGsへの関心が急速に高まった1年であった」(同, 8)、「従来の持続可能な開発への取り組みと大きく異なり、経済、社会的課題の中へとかなり「主流化」しつつある」(同, 9)と振り返っている。

　もっとも、国連による開発援助目標の策定はSDGsがはじめてではない。その歴史は古く、はじめて策定された国際的な開発援助の目標は、1961年に国連総会で採択された「国連開発の10年」にさかのぼる。1970年代、1980年代にも同様の目標が策定され、その後、一時的な空白期間はあったが、

---

[1]　本章は『月刊資本市場』2018年8月号に掲載された論稿を、同誌の許可を得て加筆・掲載したものである。

2000年9月には「国連ミレニアム宣言」が採択されている（中村 2007）。そして，その翌年，この国連ミレニアム宣言と，1990年代の主要な国際会議やサミットで採択された国際的な目標を統合してまとめられたものがSDGsの前身にあたる「ミレニアム開発目標」(Millennium Development Goals：MDGs) である。MDGsは2001年から2015年までの国際的な目標であり，世界の貧困率半減などの目標が掲げられていた。

しかし，蟹江（2018）が指摘するように，MDGsは，先進国においては「開発援助機関や関係NGO以外にはそれほど関心が広がらなかった」（同，10）のであり，SDGsとは状況が大きく異なっている。

この点に関して，SDGsとMDGsに関する新聞報道の様子を比較したものが図1-1である。MDGsは，採択された2000年度から2015年度にかけて，全国紙で累積920件の記事が掲載されたのに対し，SDGsは採択年である2015年からわずか3年間で，すでに累積715件の新聞記事が掲載されている。さらに2018年12月末までに，すでにMDGsの920件を大きく上回る1288件の記事を確認することができる。

蟹江（2018）が指摘するSDGsの「主流化」現象は，こうした数字からもみてとれる。

では，企業にとってSDGsはどういう意味をもつのだろうか。

SDGsの特徴の1つは，民間セクターの位置付け・役割である。SDGsにおいては，政府機関・市民団体・ビジネス界の3つの主体が"等しく"持続可能な開発に責任をもつという考え方がとられている（Scheyvens et al. 2016）。事実，SDGsは，その策定・検討段階において，政府機関関係者に加えて，市民団体やビジネス界のリーダーが多数参画したことで知られている（Pedersen 2018）。世界的な消費財メーカーのユニリーバでCEOを務めるポール・ポールマン氏が，「ポスト2015年開発アジェンダに関するハイレベルパネル」にメンバーとして参画していた例は有名である。Pingeot (2014) によれば，SDGsの検討段階で関与した企業は世界で55社にのぼるという。

持続可能な社会への貢献を掲げて事業活動に取り組んできた企業のなかに

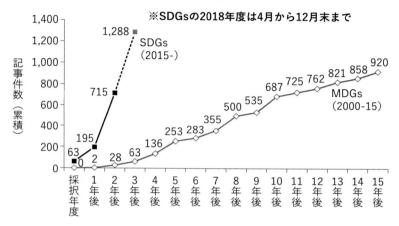

図 1-1 全国紙における MDGs と SDGs の新聞報道比較（採択年度からの累積記事件数）

注：日経テレコンを用いて，読売新聞・朝日新聞・毎日新聞・日本経済新聞・産経新聞を対象に，次のキーワードが含まれる記事数をカウントし，採択年度からの累積件数を表示。なお，MDGs は「国連ミレニアム宣言」が採択された2000年を採択年とした。使用したキーワードは，「MDGs」または「ミレニアム開発目標」，および「SDGs」または「持続可能な開発目標」。
出所：筆者作成。

は，SDGs の策定プロセスへの参画を通じて，「自らの活動を SDGs の下で再定義し，活性化」（塚本 2018, 6）につなげたところも少なくないとされる。たとえば，産業用酵素メーカー最大手のノボザイムズで Head of Corporate Sustainability & Public Affairs を務める Claus Stig Pedersen 氏は，2014年の草案段階の SDGs をいち早く活用し，2015年から20年までの同社の目的・戦略・長期目標を策定したと述べている（Pedersen 2018）。

ビジネス界に期待されている役割は，SDGs が記載されている「持続可能な開発のための2030アジェンダ」に次のように記述されている。

「民間企業の活動・投資・イノベーションは，生産性及び包摂的な経済成長と雇用創出を生み出していく上での重要な鍵である。…（中略）…民間セクターに対し，持続可能な開発における課題解決のための創造性とイノベー

ションを発揮することを求める」(外務省による仮訳, p.29 より抜粋)。

　民間企業に対しては，公的支出では賄いきれない資金ニーズを充足するような投資を行うこと，そして，SDGs達成に必要なイノベーションを創出し，グローバルに資源を効率的に配分し，採算がとれる形で，すなわちビジネスとして成立する形でソリューションを供給することが期待されているのである（Scheyvens et al. 2016）。

　見方を変えると，SDGs達成に資するソリューションとしての製品・サービスの供給は，企業が生み出すキャッシュフローの源泉でもあり，企業価値の源泉そのものである。前述のPedersen氏は，SDGsは2030年にむけて，何が社会から求められ，受け入れられ，支持されるかを示唆するガイドラインであると述べているように（Pedersen 2018），今後SDGs達成にむけて前進することによって，世界に大きなSDGs関連市場が生まれると見込まれている。こうした成長領域には，必然的に投資マネーの熱い視線が注がれることが予想される。

　とりわけ「ユニバーサル・オーナー」[2]と称されるような，長期的な視座にたって，巨額の運用資産を幅広い市場や企業に分散投資するアセットオーナーを中心にSDGsへの関心が高まっている[3]。

---

[2] 「ユニバーサル・オーナー」の概念については林（2017）。

[3] たとえば，世界最大の運用資産をもつ年金積立金管理運用独立行政法人（Government Pension Investment Fund：GPIF）は，社会的な課題解決が企業にとって事業機会を生み，それが投資家にとって投資機会を生むとして，ESG投資においてSDGsを考慮することの重要性を指摘している（GPIFホームページ）。GPIFに次ぐ運用資産をもつノルウェー政府年金基金―グローバル（Government Pension Fund Global：GPFG）の運用を行っているノルウェー中央銀行の投資管理部門（Norges Bank Investment Management：NBIM）も，SDGsの達成は，経済のレジリエンス（頑健性）の高まりを通じて，同基金の長期的な投資運用パフォーマンスに貢献すると指摘したうえで，機関投資家が果たすことのできる役割として，投資資金の提供と投資先企業の価値創造を促すこと，などをあげている（NBIM 2018）。オランダでも，同国で運用資産規模が最も大きい公的年金・オランダ公務員年金基金（Algemeen Burgerlijk Pensioenfonds：ABP）と，運用資産規模第二位のオランダ厚生福祉年金基金（Pensioenfonds Zorg en Welzijn：PFZW）が，2020年までにSDGsに関連する投資に580億ユーロを振りむけると対外的に宣言している。アメリカでも，カリフォルニア州職員退職年金基金（CalPERS）で，同基金の投資信念・方針・ESG戦略プランとSDGsとの関係性について整理が行われ，理事会に報告されている（Richtman 2018）。

本章では以下，SDGsを巡る潮流と上場株式投資の視点について述べる。具体的には，Ⅱ節でSDGsの概要を確認した後，SDGsの民間企業への浸透に大きく影響を及ぼしていると考えられる業界団体や非財務情報の開示基準等策定団体の動向を確認する。続くⅢ節では，SDGsに取り組む企業を株式投資において「新たな投資機会」として捉える視点について議論する。

　なお，本章で述べる意見等はすべて筆者の個人的見解であり，所属組織を代表するものではないことをあらかじめ申し添える。

Ⅱ　SDGsを巡る潮流

1. SDGsとは

　はじめに，SDGsの内容や構造について確認しておきたい。すでに述べたように，SDGsは2016年から2030年までの国際的な目標であり，環境問題，社会問題ならびに経済的側面に関して世界が目指すべき17の包括的なゴールが設定されている（図1-2）。

　SDGsに関しては，図1-2の色鮮やかな17個のロゴ（アイコン）が象徴的であるが，SDGsの中身を理解するうえでは，ゴールの下にある詳細に定められ169の具体的かつ詳細なターゲットを読み解いていくことが不可欠である。

　加えて，各ターゲットの進捗を測定するために設定されているモニタリング指標も，SDGsの定めるゴール・ターゲットが，具体的にどのような世界を目指しているのかについての理解を手助けしてくれる。

　モニタリング指標は，2015年に国連総会で採択されたSDGsとは別に，国連統計委員会の主導で組織された「SDGs指標に関する機関間専門家グループ（IAEG-SDGs）会合」で検討が行われ，2017年7月の国連総会で採択されたものである。モニタリング指標は重複を除いて全部で232設定されている。

　表1-1は，SDGsの169あるターゲットのなかから，数値目標が設定されているものを中心に，例示として抜き出したものである。ターゲットに対応

図1-2　SDGsの17のゴールを表すロゴ

出所：国際連合広報センター。

するモニタリング指標もあわせて記載している。

　たとえば，ターゲット3.6は，道路交通事故による死傷者の半減というきわめて意欲的な数値目標が設定されている。しかも，目標年はSDGs全体の目標期間である2030年ではなく，2020年に設定されており，きわめてチャレンジングな目標である。世界保険機関（WHO）の発表によれば，道路交通事故は，2016年の世界の死亡原因の第8位であり，とくに15歳から29歳の若者ではトップ，30歳から49歳の働き盛りの世代では第3位となっている（WHO 2018）。道路交通事故が社会的に大きな損失を生んでいることは疑いようがなく，ターゲット3.6は，このことが問題視されたものであろう。自動車メーカーのなかには，自社の自動車が関与した死亡者数の削減にむけた数値目標を設定しているところもある。

　ターゲット12.3では，1人あたりの食品の廃棄を半減させるという数値目標が掲げられている。これは先進国を中心として，本来食べられるにもかか

わらず捨てられる膨大な食品ロスが問題視されていることを受けたものであろう。環境省の発表によれば，2015年度，日本では約2,842万トンの食品廃棄物等が発生し，このうち，本来食べられるにもかかわらず捨てられた食品ロスは約646万トンと推計されている（環境省 2018）。フランスでは，2016年，スーパーマーケットに対し，賞味期限切れ食品の廃棄を禁止する法律が施行され注目を集めた。この法律は，のべ床面積400平方メートル以上の大型店舗に対し，売れ残り食品を生活困窮者等に配給する活動を行う慈善団体に寄付することを義務付けている。違反者には罰則（罰金または禁錮刑）も課されるなど，規制の内容はきわめて厳しいものになっている。

表1-1 SDGsのゴール・ターゲット・モニタリング指標の例

ゴール	ターゲット	モニタリング指標
ゴール3 あらゆる年齢の全ての人々の健康的な生活を確保し，福祉を促進する。	3.6 2020年までに，世界の道路交通事故による死傷者を半減させる。	3.6.1 道路交通事故による死亡率
ゴール12 持続可能な生産消費形態を確保する	12.3 2030年までに小売・消費レベルにおける世界全体の一人当たりの食料の廃棄を半減させ，収穫後損失などの生産・サプライチェーンにおける食品ロスを減少させる。	12.3.1 グローバル食品ロス指数（GFLI）
ゴール14 持続可能な開発のために海洋・海洋資源を保全し，持続可能な形で利用する	14.1 2025年までに，海洋ごみや富栄養化を含む，特に陸上活動による汚染など，あらゆる種類の海洋汚染を防止し，大幅に削減する。	14.1.1 沿岸富栄養化指数（ICEP）及び浮遊プラスチックごみの密度

出所：総務省による指標仮訳（2018年6月更新）をもとに作成。

ターゲット14.1は、「あらゆる種類の海洋汚染を、大幅に削減する」という目標が設定されている。「大幅に削減する」という表現が用いられており、明確な数値目標とはいえないが、海洋ごみ等の大幅削減がうたわれている。このターゲットに紐付けられたモニタリング指標には「浮遊プラスチックごみの密度」が含まれており、「あらゆる種類の海洋汚染」のなかでも、プラスチックごみによる海洋汚染の改善が重要な目標の1つとなっていることがわかる。モニタリング指標を参照することが、ターゲットの理解に役立つ一例といえる。

2. 民間企業の関心を集めるSDGs

民間企業によるSDGsへの関心が急速に高まっていることはすでに述べたが、企業による取組み状況はどうなっているのか、いくつかデータを確認し

図1-3 企業の2016年のアニュアルレポートにおけるSDGs言及状況（グローバル）

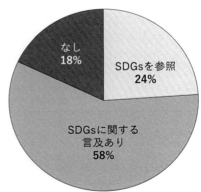

注：調査対象は世界の100社。2017年3月末時点で2016年のアニュアルレポートが公表されている企業の2015年の世界の売上高上位50社に加え、残り50社は、米州、欧州、アフリカ、アジア・パシフィックの各地域の売上高がトップの企業、オーナー企業のうち規模がトップの企業、米Fortune誌が毎年選出する「世界で最も称賛される企業（World's Most Admired Companies）」にリストアップされた企業。
出所：UNGSII（2017）。

てみよう。

まず、世界の大企業に関しては、2016年のアニュアルレポートにおいて、すでに8割以上の企業がSDGsについて何らかの言及を行っていることが報告されている（図1-3参照、UNGSII 2017）。同報告によれば、地域別では、とくに欧州企業における言及率が高いことも報告されている。

では、日本企業の状況はどうか。

図1-4は年金積立金管理運用独立行政法人（GPIF）が日本の上場企業を対象に行ったアンケート調査の結果である。2018年に行われた直近の調査では、回答企業の64％が、SDGsについて「知っており、取組みを始めている」または「知っており、取組みを検討中」と回答している。

2017年と2018年で調査母集団や集計方法に違いがある点には留意が必要だが、より多くの企業に取組みが広がってきているものと推察される。

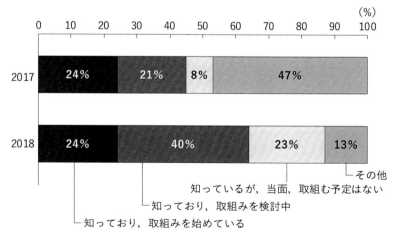

図1-4 日本企業におけるSDGsへの取組みの内容

注：「その他」の内訳は、「聞いたことがあるが、内容はよく知らない」「聞いたことがない」「無回答」（ただし、「無回答」は2017年のみ）。調査対象は2017年はJPX日経インデックス400採用企業（回答率68％）、2018年は東証一部上場企業（回答率30.2％）。
出所：GPIF（2017；2018）をもとに作成。

第Ⅰ編 持続可能な世界の実現 —SDGs—

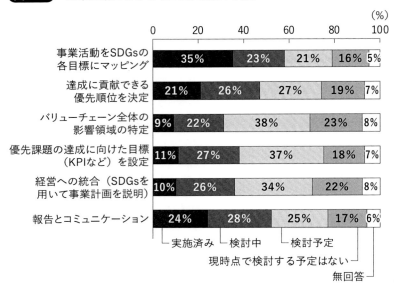

図 1-5 日本企業における SDGs 取組み状況

注：調査対象は経団連会員企業 1,373 社。有効回答は 302 社（回答率 22.0％）。調査は 2018 年 3 月から 6 月にアンケート調査により実施された。
出所：日本経済団体連合会（2018）。

　日本企業における取組みの内容に関しては，日本経済団体連合会（以下，経団連）が会員企業等を対象に行ったアンケート調査の結果が参考になる（図1-5）。同調査によれば，最も多いのは「事業活動を SDGs の各目標にマッピング」であり，「実施済み」「検討中」をあわせると約 58％となっている。「報告とコミュニケーション」「達成に貢献できる優先順位を決定」もそれに次いで多い。

3. 財界や業界団体に企業横断的な活動が広がる

　日本の上場企業に，SDGs に対する関心・取組みが広がっている背景には，財界や業界団体による企業横断的な取組みが大きく影響していると考えられ

表 1-2 日本の財界・業界団体における主な取組み

名称	SDGsへの主な取組み
日本経済団体連合会	・会員企業が遵守・実践すべき事項を記載した「企業行動憲章」をSDGsを反映させる形で7年ぶりに改定（2017年11月） ・「経団連SDGs特設サイト」を開設し，企業による取組み事例を関連するゴールと紐付けして紹介（2018年7月）
日本化学工業会	・化学業界としてのSDGs達成貢献に関するビジョンを発表（2017年5月） ・会員企業による取組み事例をホームページで発信（2018年12月）
日本証券業協会	・証券業界としての取組みを検討する懇談会を設置（2017年8月） ・「SDGs宣言」を公表（2018年3月）
全国銀行協会	・銀行役職員の倫理行動規範である「行動憲章」を改定し，SDGsへの対応を盛り込む（2018年3月） ・協会としてのSDGs推進体制，主な取組み項目を発表（2018年3月）。新たに取組み項目を追加するなど見直し（2018年10月）

出所：各機関のホームページ，各種報道をもとに作成。

る。表1-2は日本の財界・業界団体による主な活動をまとめたものである。

とくに，2017年，経団連が，会員企業の行動規範である「企業行動憲章」を7年ぶりに改定し，会員企業に対してSDGsに取り組むよう働きかけたことは，企業がSDGsに取り組む大きなきっかけになったものと考える。

また，日本証券業協会が，証券業界としてのSDGsへの貢献の在り方について検討をはじめたことも大きな影響を及ぼしたと考えられる[4]。資本市場関係者がSDGsに注目することは，資本市場から資金調達する企業にも大きな影響を及ぼすことになろう。

---

4) 日本証券業協会における取組み等については西村・國吉（2018）に詳しい。

4. 非財務情報の開示基準等策定団体の動向

　非財務情報の開示基準等を策定する国際的な諸団体も，相次いで SDGs に対する考え方を表明している（表1-3）。

　2000年に非財務情報の開示項目等を定めた国際的なガイドラインである「GRI ガイドライン第1版」を発行して以来，非財務情報の開示基準等策定団体として長い歴史をもつグローバル・レポーティング・イニシアチブ（Global Reporting Initiative：GRI）は，国連グローバル・コンパクト等と共同で，2018年8月までに SDGs に関する企業情報開示について，三度にわたって公式見解を公表している。

　2017年9月に公表された第1弾「An Analysis of the Goals and Targets」では，SDGs の169のターゲットと，GRI ガイドラインに定められている開示指標との関係についての整理が行われている。具体的には，企業が SDGs への取組みを情報開示する際に利用可能と考えられる GRI ガイドラインの開示指標を，SDGs の169のターゲットごとにリストアップするとともに，既存の開示指標では不足している部分についても考察が行われている。

　2018年7月に公表された第2弾「In Focus：Addressing investor needs in

表1-3　主な非財務情報の開示基準等策定団体の動向

名称	SDGsについての企業情報開示に関する提言等
グローバル・レポーティング・イニシアチブ（GRI）	● 2017年9月，第1弾として「An Analysis of the Goals and Targets」を公表 ● 2018年7月，第2弾として「In Focus：Addressing investor needs in Business Reporting on the SDGs」を公表 ● 2018年8月，第3弾として「Integrating the SDGs into Corporate Reporting：A Practical Guide」を公表
国際統合報告評議会（IIRC）	● 2017年9月，「The Sustainable Development Goals, integrated thinking and the integrated report」を公表

出所：各機関のホームページをもとに作成。

Business Reporting on the SDGs」には，国連責任投資原則（Principles for Responsible Investment：PRI）も作成にかかわっており，投資家の意思決定に資する SDGs に関する企業情報開示の在り方について提案が行われている。

2018年8月に公表された第3弾「Integrating the SDGs into Corporate Reporting：A Practical Guide」では，SDGs に関する企業情報開示の充実化にむけて，本業に照らして重要性の高い SDGs の169のターゲットを特定したうえで，第1弾で整理した指標も活用しながら進捗状況の把握と分析を行い，情報開示することなどが提案されている。

さらに，統合報告書の作成に関するフレームワーク（「国際統合報告フレームワーク」）を策定した国際統合報告評議会（International Integrated Reporting Council：IIRC）も，2017年9月にレポート「The Sustainable Development Goals, integrated thinking and the integrated report」を公表している。このレポートでは，「国際統合報告フレームワーク」が推奨する価値創造プロセスに沿って，企業がどのように SDGs への取組みを構築し，開示すべきかについての具体的手順を提案している。

GRI や IIRC による各種ガイドラインを参照して情報開示を行っている日本企業は少なくないことから[5]，開示基準策定団体によるこうした公式見解は，企業の SDGs に対する関心をさらに高める方向に作用していくものと考えられる。

なお，GRI，IIRC と並んで非財務情報の開示基準等策定団体として世界的に注目されているサステナビリティ会計基準審議会（Sustainability Accounting Standards Board：SASB）は，公式見解ではないが，同組織の初代会長を務め

---

5) GRI のホームページから参照することができる報告書のデータベースには，GRI ガイドラインに準拠または参照して作成された，日本企業による2015年度を報告対象とする報告書が275登録されている。また，企業価値レポーティング・ラボ（2018）は，統合報告書（編集方針等において，統合レポートであることや財務・非財務情報を包括的に記載している等の統合報告を意識したと思われる表現があるレポート）を発表している日本企業は2018年11月末時点で415社存在すると報告している。

た Robert G. Eccles 博士らが，SASB が定める開示指標と SDGs のゴールとの関連性を定量的に分析し，業界ごとに優先的に取り組むべき SDGs のゴールを示した記事を寄稿しており（Consolandi and Eccles 2018)[6]，SASB 自身も公式ホームページにて当該記事を紹介している。

III　SDGs投資の視点

1. SDGs投資の意義

前節では，日本企業による SDGs への関心，さらには取組みが急速に広がってきていることを確認した。こうした動きは投資家にとってどのような含意があるのだろうか。

PRI は，投資家が SDGs に注目すべき理由について，マクロ／ミクロ，リスク／機会の 2 軸で整理している（PRI and PwC 2017）。

ここで，リスクと機会はコインの表裏の関係にあることから，ここでは機会の側面に着目する。

まず，マクロレベルでは，SDGs の達成にむけた前進が経済成長を牽引するドライバーになると指摘している。事実，SDGs の目標達成にともなって，新たな市場が創出されるとの期待は大きい。

SDGs 関連市場の見通しに関する代表例は，「ビジネスと持続可能な開発委員会」（Business & Sustainable Development Commission：BSDC）が 2017 年のダボス会議で発表した試算報告である（BSDC 2017）。同報告は，SDGs の目標達成により，2030 年までに，「食料と農業」「都市」「エネルギーと材料」「健康と福祉」の各領域であわせて年間 12 兆ドルの市場が生まれ（表1-5），最大で 3 億 8 千万人の雇用が創出されると見積もっている。

一般財団法人日本規格協会がデロイトトーマツコンサルティング合同会社（Deloitte Tohmatsu Consulting LLC：DTC）に委託し行われた調査も，巨大な

---

[6]　当該記事で紹介されている分析について，より詳しくは Betti et al.（2018）を参照。

SDGs関連市場の存在を指摘している（DTC 2017）。同調査は，SDGsの17のゴールごとに2017年時点における市場規模を試算しており，小さいもので70兆円，大きいものでは800兆円程度の市場規模があるという。

　もちろん，こうした数字の妥当性に議論の余地がないわけではない。たとえば，どこまでの範囲をSDGsに関連する市場として位置付けるかといった定義上の問題があるほか，市場規模の推計方法によっても結果が変わってくると考えられる。しかし，少なくともSDGsの目標達成の波及効果は大きく，

表 1-4　投資家がSDGsに注目すべき理由

	リスク	機会
マクロレベル	SDGsが未達におわれば，あらゆる国や産業に悪影響が及び，マクロな財務リスクとなる	SDGsの達成が，世界の経済成長を牽引する主要なドライバーの1つとなり，投資運用リターンの源泉にもなる
ミクロレベル	SDGsに相反するビジネスを営むことは，財務面に影響する規制上あるいは倫理上のリスクとなる	SDGsに貢献する製品・サービスの供給が「新たな投資機会」をもたらす

出所：PRI and PwC（2017）をもとに作成。

表 1-5　SDGs達成で伸びる市場とその規模予測

領域	主な市場
食料と農業 2.3兆ドル	● 食品廃棄を抑える技術や森林生態系サービスなど
都市 3.7兆ドル	● 電気自動車，建物のエネルギー効率改善，交通安全装置など
エネルギーと材料 4.3兆ドル	● 再生可能エネルギー関連市場や資源循環技術など
健康と福祉 1.8兆ドル	● 遠隔医療や最先端ゲノム技術など

注：各領域の金額は関連市場の年間の市場規模推計値。
出所：BSDC（2017）をもとに作成。

それによって伸びる市場が多数存在することは間違いないといえよう。

ここで再び，PRIによる「投資家がSDGsに注目すべき理由」に話を戻すと，ミクロレベルでは，SDGsは投資先を峻別する際のフレームワークとして活用できるという。SDGsの目標達成にともなって伸びる企業は，投資家にとって「新たな投資機会」でもある。そうした企業に選択的に投資することによって，より大きな投資リターンを得ることが期待される。

とくにアクティブ運用においては，PRIが指摘するところのマクロレベルの視点に加えて，ミクロレベルの視点，すなわち「SDGsへの貢献を通じて企業価値を高める企業を見極める」という視点が必要不可欠である。

2. SDGsへの貢献を通じて企業価値を高める企業を見極める

ここからは，筆者が所属するニッセイアセットマネジメント（以下，ニッセイアセット）が運用している「SDGsファンド」における取組みを例として取り上げる[7]。

ニッセイアセットは，長期的に企業価値を高める企業（すなわち，長期的にキャッシュフローを創出することができる企業）を見極めるための「手段」としてESG評価に力をいれている[8]。2008年にESG評価を開始して以来，試行錯誤を経ながら評価方法の高度化を進めてきた。

また，2015年にSDGsが策定されたことを受け，ESG評価の一環として，

---

[7] 筆者が所属するニッセイアセットでは，SDGsへの貢献を通じて長期的に企業価値の拡大が期待される上場株式に厳選投資する「SDGsファンド」の運用に力をいれている。具体的には，2018年2月に日本の上場企業を投資対象とする「ニッセイSDGsジャパンセレクトファンド」を，また2018年5月にはグローバルの上場企業を投資対象とする「ニッセイSDGsグローバルセレクトファンド」をそれぞれ立ち上げ，運用を開始している。

[8] ESG評価と一口にいっても，その目的は実施者によって様々に異なるのが実態である。誌面の都合上，本章では詳細を割愛するが，ESG要因を通じた長期キャッシュフロー創出能力の評価に主眼をおくニッセイアセットのESG評価については，藤井ほか（2014）や林（2018a；2018b）を参照されたい。

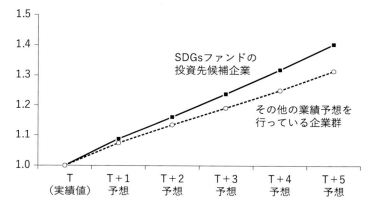

図 1-6 SDGsで企業価値向上が期待できる企業の売上高予想

注：Tは2016年度。各企業の2016年度の売上高を1とし，2017年度〜2021年度までの売上高予想（2018年2月末時点）の平均値を算出。
出所：ニッセイアセットマネジメント。

企業が手掛ける製品・サービスが，SDGsが掲げる17のゴール，ならびに169のターゲットとどのように関係しているのかについても分析を行っている。これにより，SDGs関連市場との関係が深い企業が浮かび上がってくる。

もちろん，SDGs関連市場に関係しているからといって，直ちにその企業が将来的に企業価値を高めるとはかぎらない。ビジネスモデルの巧拙を含めて，様々な要因が絡むからだ。そのため，繰り返しになるが，アクティブ運用においては「新たな投資機会」の可能性を見極めること，すなわち，製品・サービスの供給を通じてSDGsにプラスの貢献をし，かつ長期的に企業価値を高めていくことができる企業を峻別することが重要となる。その意味において，長期的なキャッシュフロー創出能力を見極めるために長年取り組んできたESG評価の知識・経験が重要となる。

図1-6は，SDGsにプラスの貢献をすると考えられる企業であって，かつ長期的に企業価値を高めることが期待される企業のアナリストの売上高予想の推移を示したものである。平均的にみて，より高い成長ストーリーをアナ

リストが描いていることがわかる。ニッセイアセットのSDGsファンドにおいては，こうした企業のなかから，さらに株価水準やリスク特性なども総合的に勘案し，投資先企業が決定されている。

3. 今後の日本企業への期待

　最後に，SDGsファンドに携わる実務家の立場から，今後の日本企業に対する期待を述べる。

(1)「17のゴール」ではなく「169のターゲット」に注目を

　ニッセイアセットの日本株式のアナリストが業績予想を行っている企業を対象に，統合報告書やサステナビリティレポートなどの開示資料を調べたところ（2017年9月時点），全体の約4分の1の企業で，経営トップがSDGsに言及，またはSDGsと自社の活動との関連付けが行われていることが確認された。SDGsが採択されたのが2015年であることを踏まえれば，日本企業への浸透のペースはきわめて速いといえる。

　一方でやや気がかりなこともある。それは，SDGsの17の目標ごとのロゴ（アイコン）を，いたずらに関連づけているだけのようにみえる情報開示が少なくないことである。SDGsの17のゴールは包括的な表現となっており，見方によっては企業活動の多くは何らかの形でSDGsに関連していると捉えることはできる。ややもすれば，何もかもが「SDGsに貢献している」となりかねず，SDGsを起点とした新しいアイデアにはつながりにくい。

　より重要なのは，17のゴールに紐付けられている169の詳細なターゲットに注目することである。自社の事業活動等との関係や貢献の在り方を検討する際には，169のターゲットの単位で議論することが重要だと考える。そうすることによって，より議論が具体的なものとなり，対外的な情報開示においても，投資家を含めたステークホルダーに対する説得力や納得感はいっそう高まるのではないか。先ほど，約4分の1の企業が，開示資料でSDGsについて何らか言及していることを確認したと述べたが，169のターゲットの

レベルでストーリーを語っている企業はごくわずかであった。この点は，今後期待したいことの1つである。

(2) 現場への浸透を図り，創意工夫が生まれる土壌整備を

グローバル・コンパクト・ジャパン・ネットワーク（GCNJ）と公益財団法人地球環境戦略研究機関（IGES）が実施した調査によれば，2017年時点で，SDGsのCSR担当者への定着は86％，経営陣への定着は36％であったのに対し，中間管理職への定着は9％，従業員への定着は8％という結果であった（図1-7）。CSR部門以外の事業部門等への現場，なかでも実務を実質的に担っている中間管理職層へのSDGsの浸透はまだまだこれからという企業が多いことがうかがえる。

本章の冒頭で述べたように，企業によるSDGsへの貢献は，企業の製品・

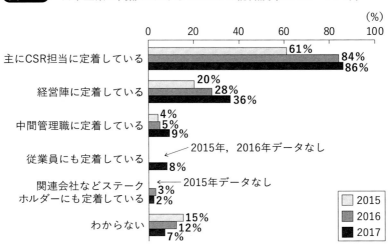

図 1-7 日本企業の内部におけるSDGsの認知度（2015～17年）

注：アンケート調査に基づく。複数回答可。有効回答数は2015年134社，2016年147社，2017年163社。
出所：GCNJ and IGES（2018）。

サービス展開と密接に関係している。あくまで筆者の私見だが，主役はCSR部門ではなく，各事業部門等の現場だと考える。担当者一人ひとりが，持ち場のなかでSDGsを意識し，柔軟な発想から創意工夫を積み重ねることが，新たなイノベーションのきっかけを生むのではないか。

企業風土の醸成や，創意工夫に取り組める環境整備を進めるうえで経営陣の果たす役割はきわめて大きい。SDGsを意識した活動が現場に定着するかどうかについても，経営陣による積極的なコミットメントと関与がカギを握るだろう。

Ⅳ おわりに

本章では，SDGsを巡る潮流を述べたうえで，株式投資においてSDGsを「新たな投資機会」として捉える視点を紹介した。

筆者自身はMDGsの時代からESG投資にかかわってきたが，MDGsのころと比べて，民間企業によるSDGsへの取組みの広がりには驚かされるばかりである。しかし，これが「一過性のブーム」でおわってしまっては本末転倒である。SDGsへの取組みが，今後，より実質的なものへと深化していくことができるかどうかがポイントとなろう。SDGsファンドを通じて，間接的ではあるが，SDGsに真剣に取り組む上場企業を後押しする一助となれば担当者として望外の喜びである。

[**参考文献**]

蟹江憲史. 2018.「SDGs（持続可能な開発目標）の特徴と意義」『学術の動向』: 8-11.
環境省. 2018.「我が国の食品廃棄物等及び食品ロスの量の推計値（平成27年度）等の公表について」.
企業価値レポーティング・ラボ. 2018.「国内自己表明型統合レポート発行企業リスト2018年版（速報版2018年11月末現在）」.
グローバル・コンパクト・ジャパン・ネットワーク（GCNJ）・地球環境戦略研究機関（IGES）. 2018. 「未来につなげるSDGsとビジネス―日本における企業の取組み現場から―」.
塚本直也. 2018.「『持続可能な開発』概念の変遷とSDGsのもたらす意味」『農学国際協力』16 : 2-8.
デロイトトーマツコンサルティング（DTC）. 2017.「SDGsビジネスの可能性とルール形成」.

中村修三. 2007.「ミレニアム開発目標の現状と課題」『政策科学』14（2）：25-43.
西村淑子・國吉愛美. 2018.「証券業協会におけるSDGs推進に向けた取組みとその意義」『月刊資本市場』390：24-28.
日本経済団体連合会. 2018.「企業行動憲章に関するアンケート調査結果」7月.
年金積立金管理運用独立行政法人（GPIF）. 2017.「第2回 機関投資家のスチュワードシップ活動に関する上場企業向けアンケート集計結果」.
年金積立金管理運用独立行政法人. 2018.「第3回 機関投資家のスチュワードシップ活動に関する上場企業向けアンケート集計結果」.
年金積立金管理運用独立行政法人「ESG投資」（https://www.gpif.go.jp/investment/esg/ 検索日2018年12月10日）.
林寿和. 2017.「ユニバーサルオーナーシップ理論の展開と課題：年金基金への適用を中心に」北川哲雄編著『ガバナンス革命の新たなロードマップ―2つのコードの高度化による企業価値向上の実現―』東洋経済新報社：215-240.
林寿和. 2018a.「運用機関におけるESG評価」加藤康之編著『ESG投資の研究―理論と実践の最前線―』一灯舎：115-130.
林寿和. 2018b.「ESGインテグレーション」加藤康之編著『ESG投資の研究―理論と実践の最前線―』一灯舎：207-230.
林寿和. 2018c.「SDGsを巡る潮流と株式投資の視点―SDGsファンドの経験から―」『月刊資本市場』396：4-12.
藤井智朗・笹本和彦監修・ニッセイアセットマネジメント編. 2014.「スチュワードシップ・コード時代の企業価値を高める経営戦略」中央経済社.
Betti, G., C. Consolandi and R. G. Eccles. 2018. The Relationship between Investor Materiality and the Sustainable Development Goals (https://ssrn.com/abstract=3163044 検索日2018年12月10日).
Business & Sustainable Development Commission (BSDC). 2017. Better Business, Better World.
Consolandi, C. and R.G. Eccles. 2018. Supporting Sustainable Development Goals Is Easier Than You Might Think. *MIT Sloan Management Review*, Big Idea: Sustainability Blog, 15 February 2018.
Global Reporting Initiative (GRI) and UN Global Compact. 2017. Business Reporting on the SDGs: An Analysis of the Goals and Targets.
GRI, PRI and UN Global Compact. 2018. In Focus: Addressing Investor Needs in Business Reporting on the SDGs.
GRI and UN Global Compact. 2018. Integrating the SDGs into Corporate Reporting: A Practical Guide.
GRI Sustainability Disclosure Database (http://database.globalreporting.org/search/ 検索日2018年12月10日).
International Integrated Reporting Council (IIRC). 2017. The Sustainable Development Goals, integrated thinking and the integrated report.
Norges Bank Investment Management (NBIM). 2018. The Sustainable Development

Goals and the Government Pension Fund Global : Asset Manager Perspective.

Pedersen, C. S. 2018. The UN Sustainable Development Goals (SDGs) are a Great Gift to Business! *Procedia CIRP* 69 : 21-24.

Pingeot, L. 2014. Corporate influence in the Post-2015 process. *Working Paper*.

PRI and PwC. 2017. The SDGs investment case.

Richtman, B. 2018. UN Sustainable Development Goals Mapping.

Scheyvens, R., G. Banks and E. Hughes. 2016. The private sector and the SDGs : The need to move beyond 'business as usual'. *Sustainable Development* 24 (6) : 371-382.

The UN Global Sustainability Index Institute (UNGSII). 2017. SDG Commitment Report 100 : Tracking companies' efforts to contribute to the Sustainable Development Goals.

World Health Organization (WHO). 2018. The Top 10 Causes of Death (http://www.who.int/news-room/fact-sheets/detail/the-top-10-causes-of-death　検索日2018年12月10日).

column 1　サステナビリティを事業戦略に統合している企業は？

　この問いに答える際，まずあげられるのがユニリーバであろう。The GlobeScan と SustainAbility によるグローバル企業のサステナビリティ・ランキングで7年連続1位となっている。"What specific companies do you think are leaders in integrating sustainability into the IR business strategy?"（サステナビリティを事業戦略に統合している企業はどこか？）との設問（3社まで複数回答可）に対し，選考者の45％がユニリーバをあげていて，2位のパタゴニア（23％），3位のインターフェイス（11％）を大きく引き離している。

|1| ユニリーバとUSLP

　ユニリーバは，約16万5千人の従業員を擁する世界的な消費財メーカーである。2017年度の連結売上高は537億ユーロ（約6兆4,300億円），営業利益は89億ユーロ（約1兆600億円）に上る。注目すべきは，事業本体に環境問題や社会問題解決への取組みを完全に統合している点である。CEOのポールマン氏は自社を「世界最大の（環境・社会）NGOである」と評する。サステナビリティ課題への取組みを事業そのものと位置付け地球規模で取組むユニリーバならではのエピソードである。ポールマン氏はCEO就任の翌年（2010年）に社会と事業との関係性を高めるための3つの目標としてUnilever Sustainable Living Plan（USLP）を掲げている。
　（1）10億人以上の人々のすこやかな暮らし
　（2）環境負荷の半減
　（3）サプライチェーン上の数十万人の暮らしの向上
　USLPはユニリーバの企業目的そのものであり，その実現のためにユニリーバの事業がある。したがって，目的実現に最も影響度が高いものを優先課題

として選定する。このようにユニリーバが社会的課題の解決と事業との関連を強く意識するようになった背景は，「従来のやり方ではビジネスを続けることはできない」と認識するようになったことにある。約190か国で事業展開する同社であるからこそ，いずれかの地域で何らかの問題が起き全社的に影響を及ぼす事態に発展することを懸念したということであろう。「サステナビリティ（Sustainability）／持続可能性」への取組みの巧拙は，いまや企業の資金調達にも影響する。まさにビジネスの成否を分ける重要課題である。

　USLPは，本業を通じての環境問題や社会問題にむけた取組みへの社内外へのコミットメントである。ユニリーバは自社商品を通じて10億人に対してすこやかな生活を届けることを目標にしている。その実現が長期的には株主にリターンをもたらすものと捉えている。環境問題の解決や社会的課題への取組みは，事業本体と統合されている。

2 ブランド基軸の取組み

　ユニリーバの社会的な課題の解決にむけた取組みが本業直結であることは，同社がこうした取組みをブランド基軸に展開している点からもわかる。ブランドごとに，そのブランドが直面している社会課題や環境課題に対応するプロジェクトを組むのである。たとえば，石鹸類のブランドである「Lifebuoy」はインドなどの地域で衛生教育プログラムを展開し，累計1億3000万人が参加している。歯磨き剤のブランド「Signal」はオーラルヘルス向上プログラムを立ち上げ，トイレやキッチン用の除菌製品のブランド「Domestos」もトイレへのアクセス改善プログラムを立ち上げている。スキンケア・ヘアケア製品のブランド「Dove」ではセルフエスティーム・プログラムを拡充している。容姿に自信をもてない女性たちに，自らの美しさと魅力に気づきを与えるというユーザー参加型の啓蒙活動である。次世代の少女たちが自分への自信と自己肯定感を高めることで，彼女らの可能性を最大限に発揮できるようガールスカウトと協働し諸活動を展開している。このように様々な社会的課題に対し，個々のブランドがそれぞれのミッションを踏まえビジネス

モデルを構築している。

3 日本での展開

　ユニリーバが社会課題の解決を事業の根幹に位置付け，それに対してブランド基軸で取組む姿勢を筆者は意外な場面で目にした。ユニリーバ・ジャパンが都内の或る大学の授業で提示した課題がそれである。クライアント企業からの課題に対して学生がチーム単位でビジネスプランを考え，提案をするというプロジェクト型コースである。毎年，異なるクライアント企業が課題を出すが，何らかのセグメントにおける売上増やシェア拡大に向けた企画を求める企業が大半であった。ところが，2018年度のクライアント企業・ユニリーバ・ジャパンからの課題は「USLPの一環として同社ブランドを使っての社会課題の解決」であった。さらに付帯条項として，そのビジネスモデルのなかに「活動のための原資」を生み出すシステムも組込むというものであった。社会課題の解決に資する活動とは，単なる寄付行為ではなく利益を生み出すという本業の延長線上に位置付けている。従前の他社の課題とは趣を異にしていたが，USLPを標榜するユニリーバらしさがにじみ出た課題設定といえる。

　49チームからの創意工夫に満ちたプランのなかから同社が選んだのが，掃除用洗剤の「ドメスト」を使った企画であった。このチームは日本における父親の家事参加の低さを社会課題としてあげ，幼稚園児が父親と一緒に掃除をする仕掛けを提案した。子どもの前ではよい父親を演じたい，よって子どもに誘われれば一緒に掃除をしよう，という父親心理を巧みに突いた秀逸な企画であった。当提案では売上や利益にも言及していたが，クライアントとして評価したのは，潜在的ユーザーとなる父親のインサイトの的確な分析，それと社会課題とブランドの親和性であった。すなわち，当該ブランドがこの社会課題に取組むべき理由の明快さである。

4 │ サステナビリティへの取組みの事業貢献

　ポールマン氏は全社員に向けたCEOレターでは必ず「サステナビリティ」のことに言及するという。サステナビリティへの取組みの費用をコストではなく，将来のビジネス環境に変革をもたらすための投資と見なすという考えが社内で浸透している。

　Unilever Sustainable Living Plan（USLP）はユニリーバの事業戦略のベースにあり，サステナビリティを事業に統合したグランドデザインが描かれている。同社では400を超すユニリーバのブランドのうち，「Dove」や「Domestos」，「Lipton」，「Knorr」など18のブランドを，とくに社会や環境課題への対応を戦略の中核におくとして「サステナブル・リビング・ブランド」と銘打っている。これらは同社の他ブランドに比べて50％速く成長するとともに，同社全体の売上成長の約60％を占める。サステナビリティへの取組みが事業を牽引している証左といえよう。

[**参考文献**]

伊藤征慶. 2017.「青山学院大学ビジネススクールでの出張講義」など（ユニリーバ・ジャパン・ホールディングスのヘッドオブコミュニケーションとのインタビューおよび講話）.

北島敬之. 2017.「ESG情報と企業価値：『投資家の視点・企業の視点』を探る―対話の進化に向けて―（21世紀金融行動原則・環境省意見交換会）」（ユニリーバ・ジャパン・ホールディングス代表取締役の講話）.

ユニリーバ・ジャパン ウェブサイト. https://www.unilever.co.jp/sustainable-living/（検索日2018年12月7日）.

Bhattacharya C. B. and P. Polman. 2017. Sustainability Lessons From the Front Lines. *MIT Sloan Management Review* 58（2）：71-78.

GlobeScan. 2017. The 2017 Sustainability Leaders : Celebrating 20 Years of Leadership.

Mizera S. 2013. Sustainability at Unilever : An interview with Lesley Thorne, Global Sustainability Manager. *Journal of Brand Management* 20（3）：191-195.

Unilever. 2018. Annual Report and Accounts 2015, 2016 and 2017.

第 2 章

SDGsとイノベーション
――技術と市場を結ぶ「共通言語」と「羅針盤」――

I はじめに

　政府が「未来投資戦略 2017 ― Society5.0 の実現に向けた改革」のなかで，中小・ベンチャー企業によるイノベーション創出の重要性をうたっているとおり，わが国経済の活性化にイノベーションの創出は欠くことができない。本章では，持続可能な開発目標（SDGs）に示された 17 のゴールとわが国における科学技術イノベーション政策の近似性に着目し，論考を進めるものとする。

　本書は全体をとおして，資本市場の文脈のなかでも，とくに投資家（主に，機関投資家）と企業（主に，世界的に活躍する大企業）の活動に議論の焦点があてられている。しかし，本章ではあえて，イノベーション創出の担い手として近年その動きに注目が集まるベンチャー企業の取組みに光をあてる。

　2015 年は ESG 元年，2018 年は SDGs 実装元年といわれるが，市場関係者のなかでも，おそらく，これを最も強く意識しているのは機関投資家であり，上場企業経営者たちであろう。一方，わが国企業の 99.7％を占めるといわれる中小・零細企業の経営者たちにとって（中小企業白書 2018），ESG 投資の議論は雲の上の話のように感じるであろう。しかし，SDGs は違う。世界全体が SDGs に掲げたゴールに向かって動きだしたという事実は，大企業のみならず，中小・零細・ベンチャー企業にとっても，それは，一地球市民としてかかわってくる事柄である。

そして、筆者が、とくにSDGsに注目する理由は2つある。1つは、SDGsが、企業におけるイノベーション創出過程において、技術と市場を結び付ける「共通言語」になり得ると考えるからである。もう1つは、SDGsが、イノベーション創出に励むベンチャー企業にとって経営の「羅針盤」になると感ずるからである。次節から、それらの具体的説明を記述していく。

II SDGsと科学技術

1. SDGsとわが国におけるイノベーション政策のつながり

SDGsの目標9には、「産業と革新技術の基盤をつくろう」ということで、「強靱（レジリエント）なインフラ構築、包摂的かつ持続可能な産業化の推進及びイノベーションの推進を図る」というゴールが掲げられている。本目標には、イノベーションの促進が明示されているが、目標9のみならず、SDGsの17の目標を達成するためには、その主体となる企業あるいは市民の創造性とイノベーション力が不可欠である。

イノベーションという言葉は、日本では「技術革新」と訳されたため、未だ、技術的な新しいものを生み出すというイメージをもたれることが多い。しかし、周知のとおり、シュンペーター（1934）が示した「新結合」によるイノベーションは、必ずしも技術にかぎったものではない。従来の発想を超えた新しいビジネスがイノベーションであり、技術的には革新的でなくても、新しい市場や組織を含めたユニークなビジネスモデルがイノベーションを生み出すとシュンペーターは指摘している。

とはいえ、官主導で進められてきたわが国のイノベーション政策は、「技術革新」の色合いが強い。図2-1は、日本におけるイノベーション政策の動向をまとめたものである。1996年、第1期科学技術基本計画の策定。第2期間中の2001年には経済産業省による産業クラスター計画、2002年には文部科学省による知的クラスター創生事業がそれぞれ打ち出されている。

しかし、これらの施策が「社会実装（事業化）に繋がった割合は16%、そ

第2章 SDGsとイノベーション —技術と市場を結ぶ「共通言語」と「羅針盤」—

図2-1 わが国におけるイノベーション政策の動向

	1960	'70 '80	'90 2000	'05 '10
	企業の イノベーション の時代	国家のイノベー ションの時代	産業のイノベー ションの時代	社会システムの イノベーションの 時代
産業のトレンド	鉄鋼・造船産業を中心に日本が台頭	日本的経営が自動車・半導体産業で優位性を発揮	米国企業がIT産業での覇権を獲得	ドイツ太陽電池など社会価値志向型の産業が成長
日本の状況	戦後復興 米国から技術導入	"現場力"によるQCD向上で世界No1の技術大国へ（自動車・半導体）	PCなど最終製品で米国に先行される	優れた要素技術を持つが，国内で産業化できず
イノベーションのポイント	製品要素の技術革新	垂直統合型大企業の品質改善	標準規格をベースにした水平分業	政府による市場創出支援
研究のトレンド	技術革新・生産性向上による成長 "プロジェクトイノベーション" "プロセスイノベーション"	技術革新に適合する国家・地域の環境整備 "ナショナルイノベーションシステム"	社外技術活用を促進させる "オープンイノベーション"	社会全体の持続的成長を目指す "イノベーションエコシステム"
ベンチャーブームの発生	戦後ブーム 1945-60	第1次ベンチャーブーム 1971-73 / 第2次ベンチャーブーム 1982-85	第3次ベンチャーブーム（ITブーム）1995-2006	第4次ベンチャーブーム 2013-
イノベーション政策		科学技術基本法	地域イノベーション協創プログラム 2008-12 / 産業クラスター計画 2001-09 / 知的クラスター創成事業 2003-09	日本型イノベーション・エコシステム 2016-

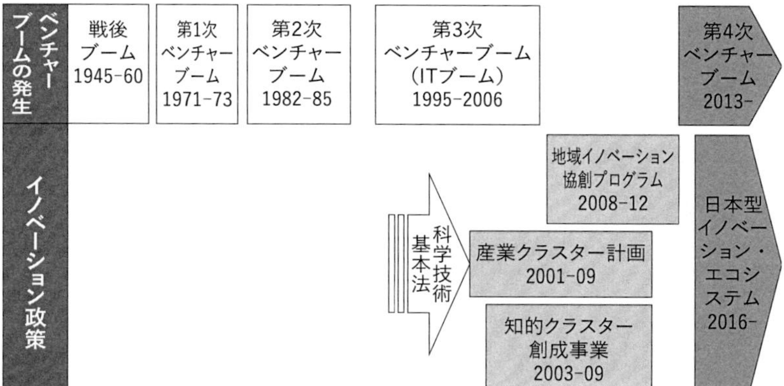

出所：姜（2018, 98）。

の成果が事業の売上に大いに貢献した割合が6％」（日本経済団体連合会 2016）にとどまり，残念ながら，これらの施策は期待された成果にはつながっていない。その理由の1つとして，「科学技術コミュニケーション活動に関して，科学技術や研究者等と社会の距離はいまだ遠い」といった問題点が指摘されている（科学技術等推進委員会 2014）。

　後述するが，この技術政策にかかわるマクロ的議論は，個々の企業活動に置き換えても通じるところである。すなわち，科学技術や研究者等と社会の距離の遠さは，組織のイノベーション創出過程における技術と市場の距離の遠さと近似しているといえる。

　これらの指摘された課題を踏まえ，2015年には，新たに科学技術イノベーション総合戦略ならびに第5期科学技術基本計画が策定された。第5期基本計画では，経済・社会が大きく変化し，国内，そして地球規模の様々な課題が顕在化するなかで，わが国および世界が将来にわたり持続的に発展していくために「目指すべき国の姿」として次の4つが掲げられた。①持続的な成長と地域社会の自律的な発展，②国及び国民の安全・安心の確保と豊かで質の高い生活の実現，③地球規模課題への対応と世界の発展への貢献，④知の資産の持続的創出。これらを実現するために，わが国の科学技術イノベーション力の積極的な活用とさらなる推進が求められている。

　時前後して，科学技術振興機構研究開発センター（2010）は，社会の持続可能性を脅かす問題の解決を目指したイノベーションを創出する「問題解決を目指すイノベーション・エコシステム」の枠組みを示している。イノベーション・エコシステムでは，多様な経済的・社会的要素がネットワーク化し，要素間およびネットワーク間において多様な相互作用が行われ，新しい価値が生み出されるとしている。ここでは，科学的な知識のインプットをイノベーション創出の起点とし，一連のプロセスのなかで「経済的価値の増大」と「社会的価値の増大」を図り，結果的に「社会経済価値の増大」に結び付くとしている。

　これらの内容が示すとおり，わが国における科学技術政策も，向かうとこ

ろは持続可能な社会の構築であり，SDGs が目指すゴールと同じである。第5期科学技術基本計画に示された「目指すべき国の姿」に，SDGs 17 のゴールを支える5つの要素——「人間」「豊かさ」「地球」「平和」「パートナーシップ」——が内包されていることからも，SDGs とわが国が推進する科学技術イノベーションが，深いところでつながっていることが理解できよう。

2.「Society5.0」の実現とSDGsの融合

　政府が示した「SDGs アクションプラン2018 ― 2019 年に日本の『SDGs モデル』の発信を目指して ―」でも，日本の「SDGs モデル」の方向性として，日本の科学技術イノベーション力や情報のチカラ，そして「誰一人取り残されない」との信念のもと，世界に率先して行動していくことが重視されている。なかでも，「Society5.0」の推進は，SDGs を原動力とした地方創生，SDGsの担い手である次世代・女性のエンパワーメントといった日本の SDGs モデルの3本柱の1つである（笹谷 2018, 54）。

　ここでいう「Society5.0」とは，第5期科学技術基本計画で示された「世界に先駆けた『超スマート社会』の実現」をいう。これが意味するところは，情報通信事業（ICT）を最大限活用し，サイバー空間とフィジカル空間とを融合させた取組みにより，人々に豊かさをもたらす未来社会「超スマート社会」の姿を共有し，その実現にむけた取組みである。わが国が歴史的に歩んできた，狩猟社会，農耕社会，工業社会，そして，情報社会に続くような新たな社会を生み出す変革を科学技術イノベーションが先導していくという意味が込められている（科学技術基本計画 2016, 11）。

　このように述べると，「Society5.0」や日本の SDGs モデルがますます高尚なものに感じられるかもしれないが，「Society5.0」と SDGs が融合した技術開発はわれわれの身近なところで起こっている[1]。その一例として，たとえば，セイコーエプソンが開発した「PaperLab（ペーパーラボ）A-8000」がある。「ペーパーラボ」は，①用途に合わせた多様な紙を生産できることによるアップサイクルの実現，②小さなサイクルの循環型社会を実現することで環

境負荷を低減, そして, ③情報を完全に抹消するため機密情報の漏洩を防止するというセキュリティ向上を実現した。これにより, 企業・自治体の建物内で紙のリサイクルができ, 資源の再利用が活性化できる。さらに, 給紙する紙の仕訳を福祉団体に業務委託して, 障碍者の雇用創出にもつなげている（笹谷 2018, 55-56）。まさに, SDGsの目標8「雇用」, 目標9「イノベーション」, 目標12「持続可能な生産と消費」に合致する画期的な製品といえよう。

ここまで, SDGsとわが国における科学技術政策のつながりを俯瞰してきた。次節からは, イノベーション創出の担い手である企業活動に視線を移し, SDGsと企業の関係をみていくものとする。

III SDGsと企業経営

1. 企業はなぜSDGsに取り組むのか

企業がSDGsに積極的に対応する動機として, ①ビジネス機会の獲得, ②リスクの削減, ③企業活動の社会的認可の維持, ④規制の変化の先取り, などが指摘されている（PwC 2017）。

一般社団法人日本経済団体連合会（以下, 経団連）は, 2017年11月に「企業行動憲章」を改定した。その内容は主に, 「Society5.0」の実現を通じたSDGsの達成が柱となっている。SDGsを経営戦略に組み込むことは, ビジネス機会の獲得とともに, リスクの削減にもつながる。すなわち, チャンスとリスク回避の両面で競争優位が実現し, 社会課題の解決にもつなげられる。

---

1) SDGsの活動と「Society5.0」の実践事例としては, 特定非営利活動法人クライシスマッパーズ・ジャパンが提供する「クライシスマッピング」の活動もある。これは, 著作権がほぼフリーのOpen Street Map（OSM）というネット上の地図を活用することで実現できた。大震災により被災地の情報が把握できなくなった時, SNSの投稿, ドローンの空撮画像, カーナビや携帯電話の位置情報など, あらゆる被災地のデータをボランティアたちが整理し, 地図に書き加えることで, 被災地の地図をつくり, スピーディーで臨機応変な救助支援活動を可能としている（http://crisismappers.jp　検索日2018年10月25日）。

これはまさに，SDGs が BDGs（Business Development Goals）といわれるゆえんであり，経済価値と社会価値の同時実現を意味する。

BSDC（Business and Sustainable Development Commission）の報告によれば，SDGs の達成は，環境・エネルギー・都市開発などの分野で 12 兆ドルのビジネスを生み出すと試算されている（BSDC 2017a；2017b）。ただし，その内容は非常に包括的であるため，国際機関や政府だけでは達成できるものではない。その実現には，パートナーとして企業の存在が不可欠なのである。実施のフロント・ランナーとなる企業には，「イノベーションを発揮し，SDGs を経営戦略に統合することが期待されている」（笹谷 2018, 66）。

SDGs に対する上場企業経営者の関心が急速に高まっている理由は，経団連が「企業行動憲章」を改定したからだけではない。SDGs が ESG 投資と表裏一帯の関係にあるからである。SDGs は，従来の社会貢献（CSR）活動とは異なり，「投資家との関係構築（Investor Relations：IR）の現場が重要となる」（笹谷 2018, 59）。それゆえ，「企業内では，IR，広報，CSR，経営企画などの部署の連携強化による統合的な思考と対応が求められる。さらに，投資家に対応する上場企業の動きは，調達・製造・販売のサプライチェーン全体に影響を与えていく」（笹谷 2018, 59）。

この影響は，企業のサプライチェーンに関係するあらゆる取引先，すなわち，企業を取り巻くステークホルダー全体に広がる。それゆえ，上場・未上場に関係なく，多くの企業は，新たなビジネス機会を求め，そして，リスクを回避しながら，SDGs の達成にむけたイノベーション創出への取組みが期待されている。

2. SDGsは技術と市場を結ぶ「共通言語」

わが国では，産業の 2 割程度を製造業が占めることから，イノベーション創出を語る際，それが新製品開発を意味することが多い。イノベーティブな製品が生み出され，市場に投入されるまでの典型的なプロセスは次のとおりである。

「まず,イノベーションを発生させる基盤としては,これまで蓄積されている技術的知識が存在する。それをもとに,新たに必要な技術開発の検討が行われ,最初の研究開発の目標と計画が決められる。その計画に従って,人や資金が投入され,研究開発が実施される。開発が進むに従ってプロトタイプがつくられ,製品の具体像ができあがる。このプロトタイプは,さらにテストされ,改良され,市場で商品として適用するレベルに仕上げられる。次に,製造工程に移行し,ラインが組まれ製品生産が行われて市場投入される」(平田 2002, 173)。

図2-2に示したモデルは,研究開発から市場投入までのプロセスを時間的経過とともに発生するパターンで直線的に捉える考え方であり,「非常に単純で理解しやすいが,プロセスの相互関係を示すものとして現実的ではない」(平田 2002, 174)。なぜなら,イノベーションの源泉が図2-2の左側(技術蓄積と研究開発)と,市場活動である右側(市場投入にあたる,マーケティングや販売活動等)が,一方向に流れるのみで,相互に関連していない印象を与えるからである。しかし,イノベーション創出活動は,市場との関連性抜きには実現しえないものである。

企業における研究開発から市場投入の流れはもっと複雑で,実際には,イノベーションの各段階からフィードバックが存在するので,図2-2のような直線的なプロセスをたどることは稀である。それを考慮して,より現実的な形にしたものが,「連鎖モデル」(ローゼンバーグ 1986)の考え方である(図2-3参照)(平田 2002, 175)。

図2-2 新製品開発から市場投入までの流れ

出所:平田(2002, 174)。

図2-3 イノベーションと市場の連鎖モデル

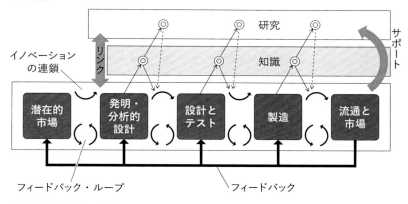

出所：平田（2002, 175）。

　図2-3に示した連鎖モデルは，「技術開発から製品化まで直線的ではなく複数のプロセスがあること，研究開発がイノベーションの唯一の源泉ではないこと，各段階からのフィードバックが複雑に絡み合っていることに特徴があり，図2-2のモデルとは大きく異なる」（平田 2002, 175-176）。

　イノベーションをもたらす研究開発と市場との関係の捉え方として，3つの見方がある。1つは，需要主導型の「ディマンド・プル」，一般的に「マーケット・イン」とよばれるものである。これは，市場ニーズから出発してそのニーズに適合する製品を開発していくやり方である。

　もう1つは，技術主導型の「テクノロジー・プッシュ」，すなわち「プロダクト・アウト」とよばれるものである。これは，マーケット・インとは逆で，研究開発部門が中心となって新たな製品を開発し，それを市場へ浸透させていこうというやり方である。そして，残り1つが，「ディマンド・プル」と「テクノロジー・プッシュ」の中間的な方法である。

　これらのパターンの，どれがベストであるというものではない。ここで強調すべきことは，企業内の技術蓄積や技術開発の流れを，関連する市場ニー

ズと結び付けて開発を進めていくことが必要だということである。技術の優越性が非常に高いとしても，市場が育成されていなければイノベーションが事業的成功をもたらすことはない。この市場への適応性は，マーケティング戦略等によって与えられるのである。「イノベーションの成功とは，最終的に市場で収益をあげることができて成功なのであり，それは決して技術開発力や製品化だけで決定されることではない」（平田 2002, 200）。市場の意見はイノベーションを生み出すにあたり欠くことができないものである。

　図2-3に示したとおり，イノベーション成功のためには，「研究開発部門や製造部門と市場部門（企画部門・マーケティング部門・営業・販売部門など）の間のフィードバック・ループが重要な役割を果たしている」（平田 2002, 182）。しかし，現実には，技術的イノベーションに携わる研究開発部門と市場部門の距離は遠く，これら部門間にはしばしば対立関係が生じる。

　この両者の関係が対立する理由の1つとして考えられるのが，互いに使用する言語の違いである。同じ組織内でありながら，言語が異なるというと違和感があるかもしれないが，実務に従事する者であれば，属する部門によって，その業務内容や性質の違いから使用する言語や用語が異なることは容易に想像できよう。とくに，研究開発活動といっても，それは，純粋な科学研究に近い基礎的研究から，製品を市場に導入することを目指した開発研究まで広範囲に及ぶ。その工程期間も，1年という短期のものもあれば，優に10年を超える長期のものもある。それゆえ，研究開発部門と市場部門は，空間的のみならず時間的にもかけ離れた立場にあるといっても過言ではない。これは，第Ⅱ節で述べたとおり，技術政策のマクロ的議論でも指摘されるところであった。

　筆者は，この両者の距離を縮め，イノベーション創出のベクトルをあわせる共通言語として活用できるのがSDGsへの取組みと考えるのである。

　反復するが，SDGsを経営戦略に組み込むことは，社会価値と経済価値の同時実現を意味する。新製品開発に取り組む研究者および技術者たちの多くは，新たな社会的価値を創出するための新製品開発には熱心に取り組むもの

の，その経済的価値の創出にはあまり興味がない。

　一方，投資家との接点が多いIR，広報，CSR，経営企画などの管理部門はもちろんのこと，市場の顧客・取引先との接点が多い営業・マーケティング部門は，常に経済的価値の創出を意識している。しかし，それらの市場の声を研究開発部門にフィードバックすることはあっても，彼らが直接，新製品開発に携わることは稀である。

　だが，企業がSDGsへ取り組む場合，この両者を結び付ける統合的な思考と対応が求められる。SDGsの17のゴールと169のターゲットが交差するマトリックス上で，立場の異なる技術と市場の関係者が，自社の活動がどこに該当するのかその認識をあわせることで，組織として目指すベクトルを一致させることが可能になると考えられる。

　組織内における技術と市場の距離を縮めることは，組織外における企業と市場の距離を縮めることと同意である。そして，これはすなわち，企業と市場（投資家）の積極的な対話を促す一助になることを意味している。資本市場における企業と投資家の積極的な対話の促進を推奨してきた筆者が，技術と市場を結び付ける共通言語としてのSDGsへの取組みを積極的に推進するのはこのような理由からである。

Ⅳ　イノベーション創出に寄与するベンチャー企業

1. ベンチャー企業にとってSDGsは経営の「羅針盤」

　近年，「第4次ベンチャーブーム」が到来したといわれて久しい（図2-1参照）。日本のベンチャーブーム史を振り返ると，戦後1945年～1960年にさかのぼる「戦後ベンチャーブーム」，1971年～1973年の「第1次ベンチャーブーム」，1982年～1985年の「第2次ベンチャーブーム」，1994年～2006年の「第3次ベンチャーブーム」が到来した。そして，今日のベンチャーブームの到来である。2018年6月，日本のユニコーン企業としてメルカリが株式公開し，

時価総額が約6,700億円という大型上場となったのは記憶に新しいところである。

ビジネス・リーダーである企業が、イノベーションを発揮し、SDGsを経営戦略に統合することが期待されているのは上述したとおりだが、そのイノベーション創出の主役として期待されるのがベンチャー企業である。

ベンチャー企業とは、「イノベーションを歯車とし、高い志をもったアントレプレナー（起業家）がリスクにチャレンジしながらその夢を実現しようとする企業である」（榊原ほか 2002, 219）。それゆえ、「イノベーションをともなわない、単なる脱サラ的なビジネスの創業はベンチャー企業とよばない。また、技術系の中小企業であっても、大企業の下請けビジネスを中心とした、何ら技術的革新のない、拡大意欲もない企業はベンチャー企業とはいわない」（榊原ほか 2002, 220）。ベンチャー企業と通常の中小企業の違いは表2-1に示したとおりである。

ベンチャー企業は、「起業家としての『高い志』があって、そのイノベーティブな発想、構想や革新的な技術やサービスなどをもとに、リスクをとってその商品化やサービス化のビジネスモデルに『挑戦』する。そして、日々

表2-1 ベンチャー企業と通常の中小企業の比較

構成要素	ベンチャー企業	通常の中小企業
高い志	強い夢・ロマン・情熱	弱い夢・ロマン
	強い成長意欲	弱い成長意欲
	早い時点の世界への飛躍	国内展開のみ
挑戦	果敢なリスクへの挑戦	リスク回避、能力の範囲内
	継続的なチャレンジ	安定志向経営
実現	製品・サービスの独創性	通常の製品・サービス
	新しいビジネスモデル	新規性のないビジネス
社会性	強い株式公開指向・M&A指向	自分の会社指向
	雇用促進、環境保護	身内による経営

出所：榊原ほか（2002, 221）。

夢と現実のバランスをとりつつ発展させビジネスとして『実現』させ，社会的に存在感のある『社会性』のある企業体を構築していき，当初の夢を実現する。このベンチャーサイクルの歯車であるのが『イノベーション』である。ベンチャー企業は，このようなサイクルを回しながら徐々に，ある時には急激に発展していく。そして『起業』から『企業』へと成長していくのである」（榊原ほか 2002, 219-220）。

　日本のベンチャー企業の特徴と代表的企業を羅列すると次のとおりである。第一世代は「戦後ベンチャー」とよばれ，その分野の特徴は「物づくり」であり，その代表的企業がソニー，本田技研，京セラなどがある。第二世代は「ガッツベンチャー」と称され，その分野は「サービス」が主であった。代表企業として，パソナ，NOVA，HIS がある。第三世代は「ネットベンチャー」とよばれ，「バーチャル E ビジネス」を特徴とする。代表的企業に楽天，ソフトバンク，アスクルなどがある。そして，第四世代は「ハイテクベンチャー」とよばれ「リアル E ビジネス」が特徴である。代表的な企業に，インクス，メガチップス，ザインがある（榊原ほか 2002, 234, 表Ⅷ-6 参照）。

　そして，2013 年から徐々に頭角を現してきたのが第五世代である。2018 年上半期に日本で上場した主な企業を時価総額の順にみていくと以下のとおりである（entrepedia, 2018 年 8 月 12 日時点）。括弧内に記載したのは，業種と企業理念・企業ビジョンの抜粋である。

　第 1 位はメルカリ（情報通信：新たな価値を生みだす世界的なマーケットプレイスを創る）。第 2 位は，HEROZ（情報通信：世界を驚かすサービスを創出する—AI 革命を起こし，未来を創っていく）。第 3 位が，RPA ホールディングス（サービス業：知恵とテクノロジーで新しい事業を創造する）。第 4 位以下は，ジェイテックコーポレーション（金属製品：オンリーワンの技術で広く社会に貢献する）。ラクスル（情報通信：仕組みを変えれば，世界はもっと良くなる）。SOU（卸売業：そうきたか！をつくる）。アイペット損害保険（保険業：ペットとの共生環境の向上とペット産業の健全な発展を促し，潤いのある豊かな社会を創る）。エーアイ（情報通信：音声技術で拓く 21 世紀の文化：音声技術の応用開発・サービス化を通して，音声

情報の新しい文化を創出し，生活文化の向上に貢献する）。アイ・ピー・エス（情報通信：OPEN DOOR―日本で，世界で，まだ突破できていない障壁に立ち向かい，あるべき社会へ新たな扉を―）。和心（小売業：日本のカルチャーを世界へ）。

業種分類として情報通信業の上場が多いのは，第3次ベンチャーブームの時代から変わらないものの，筆者が注目しているのは，これら企業の企業理念・ビジョンである。社会の公器としての役割が期待される上場企業は，皆，社会的価値の創出を経営理念に掲げ，それにともなう，経済的価値の創出に取り組んでいることがわかる。SDGsへの取組みという文脈のなかで解釈するならば，「持続可能な産業化の促進及びイノベーションの推進を図る」（目標9）と，それに伴う「雇用創出」（目標8）の実現といえよう。

ここにあげた企業のみならず，多くの日本企業にとってSDGsへの取組みは取り立てて目新しいものではない。むしろ，温故知新であろう。周知のとおり，日本企業には近江商人の「三方良し」の考え方が広く浸透している。企業は，出資者や企業自身のためだけでなく，企業活動を通じて社会の発展に貢献してこそ存在価値があるという理念をもつ日本企業は枚挙にいとまがない。

「SDGsには世界的な大義がある。それゆえ，社会的意義のある存在でいたいという企業にとっては何を気にして，どう行動すればよいかの指針となるだろう」（沖 2018, 169）。筆者は，この指針を，むしろ，これから起業を考える人々，そして，起業間もないベンチャー企業の経営者たちに，経営の方向性を探る「羅針盤」として活用してほしいと思っている。

ベンチャー企業の特徴にも示したとおり（表2-1参照），起業家精神溢れるベンチャー企業経営者は，強い夢やロマン，そして情熱をもっている。彼らは寝食も忘れ，新たな製品開発や事業開発に取り組む意欲的な経営者たちだ。しかし，その一方で，彼らは孤独であり，常に，迷い悩んでいる。現在取り組む製品開発は成功するのか，新規事業は社会に受け入れられるのかなど，その悩みの種は尽きない。そのように悩んだ際，是非，SDGsで掲げられた17のゴールと169のターゲットを経営の羅針盤として活用してほしい。そして，SDGsを，自社の活動と社会がどのようにつながっているか説明す

るための共通言語として用いることで，より広い社会とコミュニケーションを図ってほしい。その結果，新たなビジネスチャンスを摑んでほしい。ベンチャー企業の支援に従事する筆者は切にそう願っている。

2. SDGsとベンチャービジネス―事例紹介―

最後に，SDGsを意識しながら，新たなビジネスチャンスを模索するベンチャー企業の事例を紹介する。

里灯都（リヒト）は，静岡県浜松市に拠点をおく大学発ベンチャー企業である[2]。リヒトとはドイツ語で「光」を意味し，山「里」に光を「灯」して「都」に発展させたいという思いを込めて名付けられた。2016年8月創業，2017年2月に法人化，代表含め従業員4名の設立間もない小さなベンチャー企業である。同社は，林業と光技術をかけあわせることにより，木材に付加価値をもたせ，新しい需要を生み出そうとしている。

光技術を用いた医療機器の研究・開発職に従事していた同社代表が，これまで一切関係のなかった林業に着目した理由は2つある。1つは，同氏の周りに一次産業である漁業や林業に誰も参入していなかったこと。誰もやらないからこそ自分が取り組む価値があると考え，リスクをとって新たな業界に飛び込んだ。もう1つは，自らが住む地域の持続可能性を検討する会議―未来デザイン会議―に委員として参加した際，同じくその会議に参加していた"きこり"と出会ったことである。

静岡県浜松市の北部に位置する天竜の森は，日本三大人工美林の1つに数えられる。その多くがスギやヒノキの人工林であり，日本有数の木材産地として知られている。江戸時代，天竜材は江戸まで運ばれ，まちづくりに大きく貢献し，明治時代になると地元名士による植林も始まり，今に続く林業の礎となった。さらに戦後復興の木材需要も重なり，かつての天竜地域は活況を呈していた。戦後の拡大造林政策もあって人工林は急速に広がった。しか

---

[2] 詳細は里灯都ホームページ参照（https://www.lihito.com/　検索日2019年2月20日）。

し，林業は，同じ一次産業である農業・漁業とは異なり，収穫するまでに70年から80年という長い年月がかかる。昭和39年には木材の輸入が全面自由化され，国産材の価格が大幅に下落。値がつかなくても山を維持するために木を切らなければいけないという悪循環に陥り，さらに後継者不足の問題も重なり，いつしか林業は，補助金に頼らなければ生き残れない産業になってしまった[3]。

日本の衰退産業と揶揄される林業の現状を知り，技術者として自分にできることがあるのではと考えた同社代表と，新たな山の価値や活用方法を考える"きこり"は意気投合した。この両者に共通するのがSDGsの視点である。

両者の認識として，森は治水や災害の防止，水資源の循環，二酸化炭素の吸収など，動植物を含む生き物に多くの恩恵を与えてくれる陸上資源であり，SDGs目標13「気候変動の具体的な対策」を考えるためにも，また，SDGs目標15「陸の豊かさを守る」ためにも，持続可能な森林経営が必要であることは明らかであった。この点から両者は容易に協力関係を築くことができた。

一方，他県に目を移すと，林業が衰退産業ではなく成長産業に転換しつつある地域も存在する。たとえば，鹿児島，宮崎両県の4組合は合同で木材輸出戦略協議会を設立し，鹿児島県の志布志港を拠点に中国，韓国向けのスギ，ヒノキ材の輸出に取り組み，輸出量は2015年までの4年間で9倍に増えた。岡山県北部の森林組合でつくる美作材輸出新興協議会は，岡山県，津山市の支援を受け2016年8月，韓国ソウル近郊の城南市にヒノキの内装材や家具の展示・販売施設をオープンさせた。岡山県北部のヒノキを旧国名の「美作（みまさか）」ブランド化し，アジアで販路開拓中である（寺尾2017）。また，政府は「丸太中心から高度な加工技術を生かした製品輸出への転換を促進する」「新たな輸出先の開拓に取り組む」といった「農林水産業の輸出力強化戦

---

[3] 詳細は「山の価値をまちの人へ届ける，きこりの役割［前編］［後編］前田剛志さん」2017年1月11日・20日掲載記事参照（http://www.creative-hamamatsu.jp/topics/　検索日2018年10月5日）。

略」を進めている。

さらに，これらの地域は，ICT の導入で林業生産を効率化し，ロボット技術などハイテクを導入することで，かつて「3K」(きつい・汚い・危険) といわれた作業環境を改善している。まさに，「Society5.0」の実践によるイノベーションの創出である。

総務省の統計によれば，65歳以上の林業従事者は減少の一途をたどっているが，一方で，34歳以下の若い世代の林業従事者は増加傾向にある（総務省 2015）。林業に若い世代の新しい価値観を持ち込むことにより，高付加価値化や6次産業化に取り組む地域も増えているのである。

里灯都代表は，これら地域の取組みにも刺激を受け，林業における「経済成長と雇用」（目標8），「インフラ，産業化，イノベーション」（目標9）の実現可能性を確信した。同社は，現在，レーザー光で穴をあけるなど高度な技術を駆使した木材加工に取り組んでいる。あわせて，住宅・家具以外への木材の転用を模索し，かつて，車や船も木でつくられていたことに着想を得て，今後の成長産業であるロケットへの木材の活用も検討している。

このイノベーション創出の試みは，新たな SDGs への取組みとして注目を集め，経済産業省が開催する「始動 Next Innovator2017（グローバル起業家育成プログラム）」にも採択され，シリコンバレーの投資家・起業家と意見交換する機会を得ている。同社の活躍の場は世界に広がろうとしている。

V おわりに

本章では，SDG とイノベーションという切り口で論考を進めてきた。SDGs は，「金科玉条ではないし，法的拘束力もない。しかし，世界共通言語として『あるべき理想の社会』を描き，様々な取組みが人類の幸福度（well-being）増進につながる道程を示している」（沖 2018, 173）。

SDGs の取組みにイノベーションは欠くことができない。一方で，イノベーション創出に励む組織やベンチャー企業にとって，SDGs への取組みは，技

術と市場を結び付ける「共通言語」となり，経営の「羅針盤」となり得る。

技術と市場の距離を縮めることは，資本市場における企業と市場の距離を縮めることにつながり，結果的に，資本市場参加者たちのコミュニケーションの活性化に資するものと考える。これがひいては，市場全体の活性化につながることを期待して本章のまとめとする。

[**参考文献**]

青島矢一. 2002.「『ものづくり』プロセスとしてのイノベーション：既存研究の全体像」野中郁次郎編著『イノベーションとベンチャー企業』八千代出版.

沖大幹. 2018.「2030年のSDGs達成とBeyond SDGsへむけて」白田範史編『SDGsの基礎』事業構想大学院大学出版部.

姜理恵. 2018.「ダイナミック・ケイパビリティ論の産業政策への応用」菊澤研宗編著『ダイナミック・ケイパビリティの戦略経営論』中央経済社.

榊原清則・前田昇・小倉都. 2002.「ベンチャー企業の育成と経営管理」野中郁次郎編著『イノベーションとベンチャー企業』八千代出版.

笹谷秀光. 2018.「企業におけるSDGs戦略」白田範史編『SDGsの基礎』事業構想大学院大学出版部.

寺尾淳. 2017.「日本の林業は『成長産業』，若者比率上昇など驚くべき状況になっていた」ビジネス＋IT（https://www.sbbit.jp/article/cont1/33923　検索日2018年10月5日）.

独立行政法人科学技術振興機構研究開発戦略センター. 2010.「戦略提言問題解決を目指すイノベーション・エコシステムの枠組み」.

中小企業庁. 2018.「中小企業白書（2018）」（www.chusho.meti.go.jp/pamflet/hakusyo/　検索日2018年10月5日）.

内閣府. 2016.「科学技術基本計画」（平成28年1月22日閣議決定）.

内閣府. 2017.「未来投資戦略2017—Society5.0の実現に向けた改革—」（https://www.kantei.go.jp/jp/singi/keizaisaisei/pdf/miraitousi2017　検索日2018年10月5日）.

平田透. 2002.「イノベーションとマーケティング戦略」野中郁次郎編著『イノベーションとベンチャー企業』八千代出版.

Business & Sustainable Development Commission (BSDC). 2017a. Valuing the SDG prize : Unlocking Business Opportunities to Accelerate Sustainable and Inclusive Growth.

BSDC. 2017b. Better Business Better World : The report of the Business & Sustainable Development Commission.

PwC. 2017. SDG Reporting Challenge 2017 : Exploring Business Communication on the Global Goals.

Schumpeter, J. A. 1934. *The Theory of Economic Development*. Harvard University Press（塩野谷祐一・中山伊一郎・東畑精一訳. 1977.『経済発展の理論』岩波文庫）.

column 2　SDGs と病院経営

|1| SDGsの動向をどうみるか

　2015年9月に国連総会で採択された「SDGs」(持続可能な開発目標)は,2030年に向けた持続可能な開発に関する地球規模の優先課題や世界のあるべき姿について,17項目の個別目標と169項目の達成基準が盛り込まれている世界共通の行動指針である。SDGsの特徴は,貧困,健康と福祉,教育,エネルギー,気候変動などあらゆる社会経済の課題を包括したグローバルな共通言語である。病院もこれまで取り組んできたCSR活動を基盤にしつつ,持続可能性を追求するために,SDGsの活動が重要になり,活動内容に合わせて目標を選定して対応することが求められる。しかしSDGsで掲げられている国際的な達成目標は広範囲であり,すべての目標をクリアすることは困難である。そこで国内でSDGsを活動内容として取り組んでいる社会福祉法人 恩賜財団 済生会と日本赤十字社を参考にして,今後の病院経営におけるSDGsについて考察してみる。

|2| 済生会と日本赤十字社のかかわり

　社会福祉法人 恩賜財団 済生会と日本赤十字社は,SDGsと連動した活動を実施している。

　もともと社会福祉法人　恩賜財団である済生会は,「生活困窮者を済う(すくう)」,「医療で地域の生(いのち)を守る」,「会(かい)を挙げ,医療・福祉の切れ目ないサービス」の使命がある。生活保護受給者をはじめ,経済的に困っている人の医療費を無料にしたり減額したりする「無料定額診療事業」を積極的に行っており,2015年度は延べで202万人が対象となった。さらに済生会生活困窮者支援「なでしこプラン」を実施して,ホームレスやDV

被害者，刑務所出所者，外国人等へも広げ，訪問診療，健康診断，予防接種等を無料で行う事業で，2015年度は延べ15万人へ実施した。また，済生丸が離島を回って診療を行う瀬戸内海巡回診療など，離島やへき地など医療を受けられない地域に対しても力を注いでいる。これらの活動はSDGsが掲げる目標の一部に合致し，目標1「貧困をなくそう」，目標3「すべての人に健康と福祉を」，目標10「人や国の不平等をなくそう」，目標11「住み続けられるまちづくりを」などがあてはまる。また済生会は，第2期中期事業計画のなかで社会的責任に応えるため，「ISO26000（組織の社会的責任に関する国際基準）及びSDGs（Sustainable Development Goals：国連の持続可能な開発目標）に適合した業務を遂行する」を目標としている。組織全体として中期計画をもとに取組みを開始した。具体的な活動の1つに，目標7「エネルギーをみんなにそしてクリーンに」から，済生会全体で環境影響を増やさないための，目標項目7.3「エネルギー効率の改善率倍増」のためエネルギー使用量に対する省エネの推進を図る取組みを実践している。現段階では主に国内支援に対する活動内容で，17項目の個別目標すべての取組みではなく，基本理念に沿った項目や社会や環境に対しての取組みが実施されている。

　一方，日本赤十字社は，「人の命を尊重し，苦しみの中にいる者は，敵味方の区別なく救う」ことを目的とし，西南戦争における負傷者救護で初めての活動を行って以来，国内外における災害救護をはじめとし，苦しむ人を救うために幅広い分野で活動している。日本赤十字社は，企業とSDGsと連動した事業をはじめる際に最も信頼できるパートナーでありたいと考えていることをHP上で紹介している。SDGsの17項目中，目標1「貧困をなくそう」，目標2「飢餓をゼロに」，目標3「すべての人に健康と福祉を」，目標4「質の高い教育をみんなに」，目標5「ジェンダー平等を実現しよう」，目標6「安全な水とトイレを世界中に」，目標10「人や国の不平等をなくそう」，目標11「住み続けられる街づくりを」，目標13「気候変動に具体的な対策を」，目標17「パートナーシップで目標を達成しよう」の10項目が紹介されている。各項目に事業内容と支援活動が紹介され，日本赤十字社の3つの活動領

域（いのちを救う，ひとを育む，せいかつを支える）をもとに目標別に構成されている。また項目のすべてに目標17「パートナーシップで目標を達成しよう」があてはめられている。これは目標項目17.17「さまざまなパートナーシップの経験や資源戦略を基にした，効果的な公的，官民，市民社会のパートナーシップを奨励・推進する」であり，国際的な支援活動をしている赤十字ブランドをパートナーにすることで，共同支援するパートナー側の企業価値を向上させる意味があると考えられる。

3 今後の病院経営を考える

SDGsの取組みは，済生会は社会福祉法人 恩賜財団の使命である生活困窮者支援や地域社会に貢献する目的自体がSDGsの活動の一部であり，済生会の価値向上につながっている。日本赤十字社は，「企業の皆さまにとって，SDGs（持続可能な開発目標）と連動した事業をはじめる際に最も信頼できるパートナーでありたいと考えています。この寄付メニューで紹介しているプログラムは，企業の皆さまからのご支援によってこれまで以上に大きな成果を挙げる可能性を秘めています」のとおり，赤十字のブランド価値を生かし，企業側がパートナーとして支援することで企業価値向上になり，日本赤十字社は活動資金を得ることにつながっている。

企業の活動目的が利益追求の時代から，環境問題を含めた社会の課題に対する活動目的にシフトしてきているなかで，社会環境に貢献している病院とのパートナーシップを組むことには意味がある。公共性の強い病院がSDGsに取り組むことは必然かもしれないが，病院経営が厳しいなかでの活動には限界もある。目標項目17.17のように日本赤十字社と企業のパートナーシップの取組みは，今後活動を進めたい病院にとって参考となるモデルであると考える。

病院経営は，少子高齢化にともなう社会保障費の削減や人口減少による病床数削減など今後も厳しさが増してくる。地域に選ばれなければ生き残れない時代にSDGsの様々な活動は，病院が選択される動機付けの1つになると

考えられる。理由は病院経営も人権や環境に対する配慮が欠けていれば，社会的イメージの悪化につながり，地域社会や職員から選ばれないからである。しかし様々な問題は病院だけでは解決できないため，ステークホルダーとの協働も必要になる。そのためには組織全体でSDGsの認知も含めた合意形成を図る取組みをしなければならない。一部の職員が理解できても，組織全体の共通言語として取り組まなければ周知できないからである。さらに評価と改善を継続的に行わなければ，組織全体での認知度を高めることもできない。SDGsの取組みから，価値創造やステークホルダーとの関係性構築につながれば，病院経営の持続的な競争力向上になると考える。

[**参考文献**]

外務省. https://www.mofa.go.jp/mofaj/gaiko/oda/sdgs/about/index.html（検索日2018年9月30日）.
国際連合広報センター. http://www.unic.or.jp/activities/economic_social_development/sustainable_development/2030agenda/（検索日2018年9月30日）.
社会福祉法人 恩賜財団 済生会. https://www.saiseikai.or.jp/about/（検索日2018年9月30日）.
日本赤十字社. http://www.jrc.or.jp/enterprise/pdf/donationmenu.pdf（検索日2018年9月30日）.

第Ⅱ編

株主価値と社会的価値の止揚
―ESG投資―

ESGのうちE(環境)とS(社会)は社会的要請となっているが,法的規制を満たせばよしとする考え方も根強い。株主価値と社会的価値両方を見据えた投資手法がメインストリームになりつつある現在,第3章はESG投資の課題を指摘,第4章はステークホルダー・エンゲージメント活動上で重要となると予想されるフリーランスの意義について述べている。第5章はアセットオーナーのESG投資への関心が高まらなければならない点を深掘りしている。

掲載column
「CSVの「代表選手」は,代表であり続けられるのか
　―Nestleの事例」
「ESG情報は,
　投資情報として利用されているのか」
「企業開示情報のみに基づくESG評価は企業の真の姿を
　どこまで正確に捉えているか?」

第 3 章

ESG投資とSDGs
―投資家と企業の動機―

I はじめに

　最近，ESG投資（環境，社会，ガバナンスの各要素を考慮した投資）とSDGs（国連の持続可能な開発目標）に関する議論が活発に行われている。これらが流行語になった感さえある。しかし，投資家と企業がこれらを推進する真の動機については，必ずしも十分に検討されているとはいえない。

　投資家と企業は，それぞれに目的をもった存在であり，ESG投資やSDGsがその目的に適合するからこそ，投資家と企業がこれらを推進しているといえる。投資家（機関投資家）の活動の主な目的は，投資ポートフォリオ全体について，リスク調整後のリターンを最大化することである。企業活動の主な目的は企業価値の向上であり，リスクを抑えつつ利益をあげることである。

　では，ESG投資やSDGsはこれらの目的に資するものなのであろうか。

　本章では，以上の問題認識に基づき，投資家がESG投資を推進する動機，企業がSDGsを推進する動機について，それぞれ検討する。

II ESG投資と受託者責任
――投資家がESG投資に積極的な理由

1. 問題の所在

　ESG投資を巡っては，近時，様々な角度から多くの議論がなされている。

この背景には，国や文化による考え方の違い，投資家属性の違いなどがある。

歴史的にみると，責任投資（SRI，ESG投資）には2つの考え方がある。1つは社会に対する責任（社会的価値）を重視する考え方で，もう1つはリターンの最大化を求める委託者に対する責任（投資価値）を重視する考え方である。時代とともに，どちらに重点をおくかが変化している。

本章では，責任投資に関する2つの考え方を軸に，国や文化による違いなどに過度にとらわれることなく，グローバルな視点から，投資家の責任投資を行う動機について，時系列での推移を俯瞰する。具体的には，SRI（社会的責任投資）の時代，ESG投資の時代，SDGsの影響を受けたESG投資の時代に3区分して，投資家の動機を検討する。

2. SRIの時代

SRIは社会的価値を重視した投資手法であり，ESG投資の前身と位置付けられる。SRIには，100年以上の歴史がある（小方 2016, 52）。SRIの起源は，キリスト教の社会的信条に基づき，酒・たばこ・ギャンブルにかかわる企業には投資しないという対応である。その後米国では，1970年前後から，人種差別，消費者軽視，ベトナム戦争といった社会問題に対して，1980年代には南アフリカのアパルトヘイト政策に対して，それらに反対する株主行動が活発化し，またそれらに関係する企業には投資しないというSRIの考え方が，年金基金や個人投資家の間に急速に広まっていった（小方 2016, 54-75；水口 2013, 36-42）。これらは，社会的価値（倫理）を優先した投資であり，また投資によって社会を変革しようとする意図を有したものである。

当初SRIはごく少数の投資家によって行われており，かなり小規模なものであったが，2000年前後から，年金基金や生命保険会社といった巨大な機関投資家が，SRIを投資方針として採用するようになった。Sparkes and Cowton (2004) は，この要因として，政府による規制，SRIのインデックス化（FTSE4 Good Index seriesなどの出現），NGOsからのプレッシャーを指摘する。たとえ

ば英国では、年金基金に対して直接SRIの受け入れを求めたわけではないが、1999年改正年金法で「投資銘柄の選択、保有、売却に関して、社会、環境、倫理面の考慮を行っている場合には、その程度」を投資方針書のなかに記載することを求めた結果、環境や社会への配慮を投資方針にうたう英国の企業年金が増加した（水口 2013, 211）。これは政府規制により SRI が推進された例といえる。

年金基金などの機関投資家が本格的に SRI 投資を進めるうえで、①投資に際してどのような要素を考慮すべきなのか、②それが受託者責任（資産の運用に携わる者の法的責任）と整合的か、が論点となる。これらの論点に一定の結論がつけられたうえで、2006 年に PRI から責任投資原則[1]が示され、ESG 投資の時代を迎えることになった。次節でこれらの経緯について検討する。

3. ESG投資の時代

この10年あまりの間に、ESG投資の残高が大幅に増加する一方で、投資家の動機が、社会的価値優先、社会的価値と投資価値の両立から、投資価値優先に変容した。

本節では、2006年のPRIによる責任投資原則の公表から、ESG投資がSDGsの影響を受ける前までを、ESG投資の時代と位置付けて検討する。

(1) 責任投資原則公表に至る経緯

2004年公表のUNGC（United Nations Global Compact：国連グローバル・コンパクト）やUNEP-FI（United Nations Environment Programme Finance Initiative：国連環境計画・金融イニシアチブ）の報告書では、ESGは企業価値を向上させる重要な要素で、投資家が企業価値評価を行う際に考慮すべき事項であること

---

[1] PRI（Principles for Responsible Investment）は、責任投資の原則を指す場合と、原則を推進する団体（The PRI）を指す場合に用いられる。本章では、前者を「責任投資原則」後者を「PRI」と表記して区別する。

が示された（UNGC 2004；UNEP-FI 2004）。UNGC報告書では，健全なガバナンス（G）は，環境（E）や社会（S）問題解決の必須の前提条件であり，またこれらは相互に密接に関連していることから，ESGという用語・概念を用いるとしている。

2005年公表のUNEP-FIの報告書で，ESG要素を考慮した投資は，受託者責任の観点から許容されるという考え方が示された（UNEP-FI 2005，通称Freshfields Reportという）。それ以前は，たとえば英国の1984年Cowan v Scargill判決の解釈にみられるように，機関投資家が投資パフォーマンスの最大化以外の要素を考慮することは，受託者責任の観点から許容されないといった考え方が支配的であった。

これらの報告書で示された，①ESGが企業価値を向上させる重要な要素であるという考え方，②ESG要素を考慮した投資が受託者責任の観点から許容されるという考え方，を背景として，アナン国連事務総長の国連責任投資イニシアチブの提案と，それに続く専門家グループでの議論を踏まえ，2006年に責任投資原則が公表された。

(2) 責任投資原則の内容

責任投資原則は，年金基金などのメインストリームの機関投資家がこの原則に署名し，履行することを期待するものである。この前文には，①ESG要素が投資パフォーマンスに影響すること，②この原則を適用することによって，投資家と幅広い社会の目的の調和が図られること，③ESG要素を考慮するのは受託者責任の範囲内にかぎられること，の3つのポイントが記載されている。このうち，①は投資価値の観点から，②は社会的価値の観点から，責任投資原則を推進する意義を示したものであり，③は投資価値を優先することを示したものである。

責任投資原則の翌年の2007年に公表されたUNEP-FIの報告書では，ESG要素と投資パフォーマンスの関係を分析した20の学術論文を分析し，両者が正の関係にある（ESG要素を考慮した方が，投資パフォーマンスが良好である）も

のが10,中立が7,負の関係にあるものが3であることから,ESG要素を考慮することによって投資パフォーマンスが悪化するとはいえない（機関投資家はESG要素を考慮することができる）と結論付けた（UNEP-FI 2007）。またMargolis et al.（2007）は1972年から2007年までの167の先行研究を分析し,正の関係27％,中立58％,負の関係2％であることから,ESG要素を考慮することが投資パフォーマンスに悪影響を及ぼすとはいえないと結論付けた。この段階では,投資価値向上のためにESG投資を行うというよりも,社会的価値の向上のためにESG投資を行っても「投資パフォーマンスが悪化するとはいえない」というスタンスでESG投資が浸透したといえる。

(3) ESG投資残高の拡大

2006年のPRIによる責任投資原則の公表以降,表3-1に示されるように,責任投資原則に署名した機関の数と当該機関の管理資産残高は順調に拡大している。これはESG投資が順調に拡大していることを示している。

Eccles et al.（2017）は,ESG投資の拡大をもたらした要因として,①政策面,②学術研究,③開示基準の標準化,の3つの変化を指摘する。この指摘を敷衍すると,まず（広い意味での）政策面では,Freshfields Reportの続編として,Fiduciary Responsibility（UNEP-FI 2009）やFiduciary Duty in the 21st Century（UNEP-FI et al. 2015）が公表され,投資調査や投資プロセスに

表 3-1 責任投資原則（PRI）署名機関数とその管理資産残高の推移

	2006年	2009年	2012年	2015年	2018年
署名機関数	63	523	1,050	1,384	1,961
内アセットオーナー	32	172	251	288	373
管理資産残高	6.5	18.0	32.0	59.0	81.7
内アセットオーナー	2.0	3.6	7.6	13.2	19.1

注1：各年4月の数値。
注2：管理資産（Asset Under Management：AUM）残高の単位は兆米ドル。
出所：PRIのHPをもとに作成。

ESG要素を統合することは，投資家がよりよい投資決定をすることや，投資パフォーマンスを向上させることを可能にするので，投資家の受託者責任と整合的であることが繰り返し説明された。また英国（2014年の法律委員会の解釈）や米国（2015年の労働省の解釈通達）でも，投資パフォーマンスを向上させる（少なくともマイナスの影響を及ぼさない）かぎりにおいて，ESG要素を考慮することが受託者責任と整合的であることが示された。

また多くの学術研究によって，ESG要素と企業の財務パフォーマンスとの正の関係が示された。たとえばEccles et al. (2012) は，「持続可能性の高い企業」と「持続可能性の低い企業」の18年間（1992年から2010年）の実績を比較して，「持続可能性の高い企業」のほうが，株価と会計上の収益の両面において，高い実績をあげたことを示した。またFriede et al. (2015) は，過去40年以上にわたる2,000以上の実証研究（ESGと財務パフォーマンスの関係分析）の結果を分析し，約90％の研究が，両者の間には負の関係がないこと，そして多くの研究が両者の間に正の関係があることを示していることを指摘した。さらに，米国サステナビリティ会計基準審議会（Sustainability Accounting Standards Board：SASB）や国際統合報告委員会（International Integrated Reporting Council：IIRC）によるESGの開示基準の標準化も，ESG投資の拡大の要因となった。

これらに加えて，ESGリスクが顕在化して，企業価値が大きく毀損した事例の影響も大きい。たとえば，環境（E）に関しては，BPのメキシコ湾原油流出事故（2010年），社会（S）に関しては，バングラデシュの「ラナ・プラザ」崩壊事故（2013年），ガバナンス（G）に関してはオリンパスの不正会計問題（2011年）の事例がある。

これらをまとめると，投資に際してESG要素を考慮することは，リスクの削減とリターンの向上につながり，そして（それゆえに）受託者責任とも整合的であるという認識が広まったことによって，すなわち投資価値向上の観点から「ESG投資が拡大した」ということができる。

(4) ESG投資の目的

　MIT Sloan Management Reviewとボストンコンサルティンググループは，2015年に投資家等を対象とした大規模なサーベイを実施した（対象国100か国以上，対象者3,000人以上）。その結果，投資の意思決定において，企業のサステナビリティのパフォーマンスが重要な要素であると回答した投資家が，全体の90％（非常に：43％，概ね：30％，ある程度：17％）を占めたこと，その理由として，長期的な価値創造の潜在力，収益改善の潜在力，イノベーションの潜在力，企業活動の社会的認可の獲得，企業のリスク削減効果，をあげた投資家が多いことが示された（Unruh et al. 2016）。

　Amel-Zadeh and Serafeim（2018）は，2016年にBank of New York Mellonの協力のもと，主としてメインストリームの投資家を対象に実施したサーベイ結果を分析した。投資の意思決定に際してESG情報を考慮するか否か，考慮する場合の理由についての分析結果（有効回答数419）は表3-2に示されるとおりである。

　この結果は，投資家の多く（82.1％）が投資の意思決定に際してESG情報を考慮していること，その主な理由が投資成果に影響するため（63.1％）であ

表 3-2　投資の意思決定とESG情報の考慮

		全体	管理資産規模別（注）		地域別	
			大	小	米国	欧州
ESG情報を考慮する		82.1%	85.9%	80.3%	75.2%	84.4%
理由	投資成果に影響する	63.1	60.3	64.5	55.7	64.4
	顧客等の要請	33.1	54.3	22.4	33.0	39.3
	倫理的責任	32.6	25.0	36.4	18.6	40.7
ESG情報を考慮しない		17.9%	14.1%	19.7%	24.8%	15.6%
〃	投資成果に影響しない	13.3	5.3	16.1	21.9	4.0

注：管理資産（AUM）規模が50億ドルを超えるか否かで大小を区別。
出所：Amel-Zadeh and Serafeim（2018）の表2をもとに作成（抜粋）。

ることを示している。なお，管理資産規模別，地域別の差異もある。

このように，現在の投資家は，主として投資価値向上の観点から，ESG投資を行っている。この点，PRIはホームページ上で，責任投資（ESG投資）とSRIとは異なるものであること，ESG要素を考慮することは，リスクを削減し持続的な長期リターンを生み出すことを指摘している。なお，ESG投資の目的が投資価値の向上であるのなら，それはファンダメンタル投資（将来の業績予想等に基づき企業の本質的価値を算定し，株価水準との比較に基づき長期的視野で行う投資）とほとんど同じであるという指摘もある（van Duuren et al. 2016）。

ノルウェー政府年金基金，英国大学退職年金基金，カリフォルニア州職員退職年金基金，カリフォルニア州教員退職年金基金のホームページをみると，それらのアセットオーナーは，ESG要素を考慮する主たる理由として，リスク調整後のリターンの向上（投資価値向上）をあげている。

4. SDGsの影響を受けたESG投資の時代

このように，現在では，投資家は主として投資価値向上の観点からESG投資を実行しているが，2016年にスタートしたSDGsの影響などを受けて，流れが変化しつつあるように見受けられる。たとえばPRIは，2017年に公表した今後10年間の責任投資ビジョンのなかで，9つの優先推進分野の1つとして「SDGsが実現される世界を目指す」ことをうたい（PRI 2017a），SDGsのチャレンジに対応するためには，責任ある投資が，単にESG要素が投資ポートフォリオのリスクとリターンにどのような影響を及ぼすかを考慮するだけではなく，社会の幅広い目的（= SDGs）にどのような影響を及ぼすかを考慮するべきであると主張している（PRI 2017b）。これは責任投資原則の前文に記載されている，社会的価値の観点から責任投資原則を推進する意義について，改めて指摘したものといえよう。またPRI（2018）は，SDGsの影響を受けて，投資の意思決定に際して，リスクとリターンという2つの側面（軸）に加えて，社会に及ぼす影響（Real-world impact）の側面（軸）を考慮する投資家が増加しつつあることを指摘している。

社会的価値重視の動きは，規制当局の動きやミレニアル世代の動向にもみられる。たとえば，欧州委員会（EC）は2018年3月に「アクションプラン：持続可能な成長に向けた金融」を公表した。そこでは，とくに気候変動や資源の枯渇に焦点をあて，欧州連合（EU）の機関投資家に対する規制が不十分で，投資家が投資のパフォーマンスを評価する際に，持続可能性に関するリスクに十分に配慮していないことから，今後は，投資家が投資に際して持続可能性，とくにそのリスク，を考慮することを法的義務とすることを検討するとしている（EC 2018）。またミレニアル世代（主に米国で1980年から2000年ごろに生まれた世代）などの若い世代は，持続可能性やサステナブル投資に強い関心をもっており（Bernow et al. 2017），この世代が社会の中核を担うようになるにつれ，SNSなどを利用した彼らの活動の影響も今後さらに無視できないものとなろう。

Ⅲ　SDGsと企業価値向上
──企業がSDGsに積極的な理由

1. 問題の所在

　2015年9月の国連持続可能な開発サミットで，国連主導のイニシアチブであるSDGsが採択された。これは，経済成長，社会的包摂，環境保護を調和させつつ，持続的な開発のために国際社会が達成すべき2016年から2030年の目標を定めたものである。SDGsは多くの国，投資家，市民社会に支持されており，多くの企業もこれに対応しつつある。

　国連がその目的である「経済的，社会的，文化的または人道的性質を有する国際問題を解決」するために，また各国政府が自国民の長期にわたる福利厚生を向上させる観点から，SDGsに積極的に取組む動機をもつことは理解しやすい。では，企業収益を向上させ，企業価値の最大化を目的とする企業が，SDGsに取組む動機にはどのようなものがあるのか。

　わが国ではSDGsがある種ブームの様相を呈しているが，SDGsが，それ

を具体的に推進する企業の本来の目的に沿っていなければ，ブームは長続きしない。本節では，海外の文献で指摘された企業がSDGsに取り組む動機を整理するとともに，今後の課題を提示する。

2. SDGsに取り組む企業の動機

企業がSDGsに積極的に取り組む動機として，海外の文献では，①ビジネス機会の獲得，②リスクの削減，③その他の動機（企業の社会的認可の維持，規制の変化の先取り，など）が指摘されている。たとえば，PwC (2017) は，2016年の公開情報に基づいて，17か国，470企業の年次報告書を分析した調査報告書を作成しているが，そのなかで，企業がSDGsに対応すべき理由として，①成長機会の捕捉（ビジネスの巨大な成長機会を捉えるため），②リスク管理（SDGs対応の失敗にともなうリスクを緩和するため），③企業活動の社会的認可（license to operate）の維持，④規制の変化の先取り，などを指摘している。以下ではそれぞれの動機について個別に検討する。

(1) ビジネス機会の獲得

現在の企業を取り巻く環境は，非常に速いスピードで大きく変動している。とくにデジタル技術の進化によって，既存の事業モデルの破壊が急速に進んでいる。このようななかで，企業は生き残り・成長のために，新たな成長分野を見出し，その分野に資源を投入していく必要がある。公的・私的な巨額の資金が世界的規模でSDGsの課題解決に投下されることから，SDGsは企業にとってイノベーションや新分野への道筋を示すものとなる（Accenture 2016）。

SDGsが生み出すビジネス機会の規模について，多くの文献で引用されているのが，BSDC (Business and Sustainable Development Commission) の報告書である（BSDC 2017a；2017b）。BSDCは，巨大企業の経営者など（市民社会，労働者の代表も含まれる）で構成される組織で，SDGsを契機として2016年1月に設立された。BSDCの試算では，経済全体の60%を占める4分野（食料・

農業,都市,エネルギー・材料,健康・福祉）でのグローバルゴールの達成により,2030年までに,年間12兆米ドル以上のビジネスの機会（収入増加や経費節減）が得られる。さらにこれに加えて,情報通信技術,教育,消費財といったその他の（持続的開発に重要な）分野での影響は,年間8兆米ドルにのぼる。この数値は,2017年の米国のGDPが19兆米ドルであることと比較すると,きわめて巨額である。BSDCの試算はあくまで1つの試算に留まるが,ここで重要なことは,SDGsに関連して巨額のビジネス機会が生み出されると多くの企業が認識することである。

(2) リスクの削減

　リスク管理の観点からも,企業はSDGsに留意する必要がある。SDGsは,持続可能な開発に関する多くの重要な論点について,共通言語,包括的な基準（参照フレームワーク）を提供するものであり（Schönherr et al. 2017）,SDGsが社会の求める1つの基準となることから,NGOsなどの市民社会から批判されないように,企業はSDGsの各項目に対応する必要がある。とくに最近では,気候変動への対応が重要となっており,気候変動に悪影響を及ぼすビジネスに対する関与を縮小することも,リスク管理の観点から検討する余地がある。また現在,デジタル技術の進化によって,あらゆる情報がソーシャルメディア等を通じて,瞬時に広く知れわたるようになっており,SDGs対応の不備に起因して企業のレピュテーションが急激に毀損する可能性があることから,あらかじめSDGsに対応しておくことが重要となる。

(3) その他の動機

　ビジネス機会の獲得,リスクの削減に加えて,いくつかの企業の動機が指摘されている。まず企業活動の社会的認可の維持があげられる。企業は社会的存在として市民社会の支持のうえに存続している。企業は社会に及ぼす外部不経済（たとえば公害問題）の代償として,社会にプラスの貢献をしなければ,社会に受け入れられない。SDGsに対応することは,この企業活動の社

会的認可を継続的に得る1つの方法であるといえる。

主要企業は，SDGsによる政府等の規制を先取りして，ファーストムーバーアドバンテージを得ようとしている。たとえば自動車の排気ガス規制の強化を予想し，厳しい基準で製品をつくり込んでおけば，政府等により厳しい規制が課せられた時点で，ライバル他社との間に競争上の優位性を確保することができる。

さらに企業には，SDGsに対応することによって，各国政府による法的拘束力のある規制を回避したいという意図がある。BSDC（2017b）は，「もし，社会や環境に関する指標がこの先5～15年改善しなかったら，最もあり得ることは，企業に対する社会からの反発が強まり，政府によって厳しい規制が課せられるということである」と指摘している。

企業のSDGsに対するスタンスは，全世界必ずしも一致しているわけではないが，1つの事例として，CSR Europe（2017）が2017年4月に行った，欧州160社の経営者へのサーベイ結果があり，以下検討していく。そこでは，90％以上の経営者が，企業がSDGsに対応することが重要であると考えている。その理由は以下のとおりである（表3-3）。

まず，79％の経営者が，SDGsに取組む理由として，企業価値・サステナビリティ戦略に整合的であることをあげている。これは具体的な理由を示しているものではなく，すでに分析した，①ビジネス機会の獲得，②リスクの削減，③その他の動機，のいずれにも対応するものである。次に52％の経営者が，新規ビジネスの機会をあげている。これは①ビジネス機会の獲得，に対応する。その次にあたる46％の経営者が，ステークホルダーとの関係強化をあげている。これは③その他の動機（とくに企業活動の社会的認可の維持，政府の規制回避），に対応する。また30％の経営者が，リスク管理上重要な点をあげている。これは②リスクの削減，に対応する。

Chakravorti（2017）が企業のSDGs対応の動機として，ビジネスリスクの削減が最も頻繁に指摘されたと報告するなど，SDGsに取組む理由（項目・重点）は，誰をサーベイの対象者とするかによって必ずしも同じではない。し

表 3-3 欧州経営者が SDGs に取組む理由

	理　由	回答
1	企業価値・サステナビリティ戦略に整合的	79%
2	新規ビジネスの機会	52%
3	ステークホルダーとの関係強化	46%
4	リスク管理上重要	30%

出所：CSR Europe（2017）をもとに作成（抜粋）。

かしながら海外の文献では概ね，すでに分析したように，企業がSDGsに積極的に対応する動機として，①ビジネス機会の獲得，②リスクの削減，および③その他の動機（企業の社会的認可の維持，規制の変化の先取り，など），が指摘されている。

3. 今後の課題

SDGsに関しては明るい未来が語られることが多いが，ここからSDGsに関する企業の課題として2点指摘しておきたい。

(1) 企業，投資家，市民社会等の期待の不一致

まず，SDGsに期待する企業と，投資家，市民社会等のそれぞれのニーズが異なる点が指摘される。SDGsは非常に幅の広い概念であることから，企業が着目・推進するSDGsの項目と，投資家や市民社会等が期待する企業の推進項目とは必ずしも一致しない。たとえば，PwC（2017）の調査によれば，オランダの企業はSDGsの項目のうち，目標8（働きがいも経済成長も），目標13（気候変動に具体的な対策を），目標4（質の高い教育をみんなに）に積極対応する傾向があるが，オランダの政府や市民社会が必要とする目標15（陸の豊かさも守ろう），目標2（飢餓をゼロに），目標5（ジェンダー平等を実現しよう）にはあまり熱心ではない。

企業はこの期待の不一致の課題に対応するために，ステークホルダー・エ

ンゲージメント（企業が活動や意思決定を行ううえで，ステークホルダーの関心事項を理解するために行われる取組み）を行い，投資家や市民社会等のニーズを汲み取ることにより，企業のSDGs推進の目的である，リスクの削減や企業活動の社会的認可の維持などにつなげていく必要があろう。

(2) 基準の標準化と客観的評価

現状，企業のSDGs対応とその開示は，かなりの部分，各企業の自主性に任されており，比較可能な指標の策定・定着が課題となっている。ある意味，現状は曖昧ななかで議論が進められているともいえる。この点，PwC（2017）の調査によれば，多くの企業は，SDGsが将来のビジネスを形づくることを認識しているものの，具体的な目標の設定や評価軸の設定といった対応については，今後の課題としている。またSchramade（2017）は，比較可能な指標がないことから，企業のSDGsへの貢献を測定することは容易ではないとし，SDGsの「見える化」が必要であると指摘する。

このようななかで，UNGC等が作成したSDG Compass（SDGsの企業行動指針），SDG Industry Matrix（産業別のSDG手引き）やSDGs報告ガイダンスは，SDGsの基準・報告の標準化の観点からも有効である。ただし，SDGsには多様性・曖昧性があり，これらの指針・手引き・ガイダンスは1つの方向性を示すものの，企業のSDGs対応のレベルを客観的に評価・測定することまでは困難である。

今後，企業によるKPI（主要業績評価指標）の開示（計画・実績），ステークホルダーや評価機関による外部評価が進められていくと考えられるが，SDGsの多様性を鑑みると，客観的評価に耐え得るような基準の標準化（指標化）は容易ではない。このようななか，企業としては適切な開示を行い，リスクの削減や企業活動の社会的認可維持の観点から，外部の評価を高める努力を継続していく必要があろう。

IV おわりに

　以上，企業がESG投資やSDGsに対応する動機について整理した。

　まず，投資家がESG投資を行う動機について，その推移を俯瞰した。SRIの時代には社会的価値の向上が主たる動機であったが，SRIの残高が増大するにつれ，受託者責任との整合性が論点となった。2005年のFreshfields Reportでその問題に一定の解決が図られたうえで，2006年にPRIから責任投資原則が公表され，ESG投資の時代に入った。責任投資原則は，その目的として社会的価値の向上と投資価値の向上（相反する場合には投資価値が優先）をうたっているが，その後に，ESG投資が投資パフォーマンスを向上させるという実証研究などが示された結果，投資価値の向上に焦点があたり，それにつれてESG投資の残高も大幅に増大した。現在では，ESG投資は投資価値の向上の観点から議論されることが多いが，SDGsの影響で，再び社会的価値に焦点があたりつつある。一言でいえば，「投資リターンが見込まれるからESG投資を行うのであって，社会貢献のためではない。ただし，持続可能な社会も同時に目指していきたい」ということになろう。

　次に，企業がSDGsに積極的に対応する動機について，海外の文献に基づいて整理した。主要な動機として，①ビジネス機会の獲得，②リスクの削減，③その他の動機（企業の社会的認可の維持，規制の先取り，など）が指摘される。BSDCが，SDGsが生み出すビジネス機会の規模を年間12兆米ドル以上と試算するなど，SDGsは企業にとって大きなビジネスの機会であるといえる。今後の課題として，SDGsは非常に幅の広い概念であることから，投資家や市民社会等が企業に期待する項目と，企業が着目・推進するSDGsの項目が必ずしも一致しないこと，SDGs基準の標準化と客観的評価が容易でないということが指摘される。これらに対して，企業には，ステークホルダー・エンゲージメントの実践や開示の充実などの対策を進めていくことが，求められている。

[**参考文献**]

小方信幸. 2016.『社会的責任投資の投資哲学とパフォーマンス―ESG投資の本質を歴史からたどる―』同文舘出版.

林順一. 2016.「投資家を意識してESG情報を開示している日本企業の属性分析」『異文化経営研究』13：31-46.

林順一. 2018.「ESG投資の対象となる日本企業の属性分析」『日本経営倫理学会誌』25：19-33.

水口剛. 2013.『責任ある投資―資金の流れで未来を変える』岩波書店.

Accenture. 2016. The UN Global Compact – Accenture Strategy CEO Study 2016, Agenda 2030 : A Window of Opportunity.

Amel-Zadeh, A. and G. Serafeim. 2018. Why and How Investors Use ESG Information : Evidence from a Global Survey. *Financial Analysts Journal* 74（3）：87-103.

Bernow, S., B. Klempner and C. Magnin. 2017. From 'Why' to 'Why Not' : Sustainable Investing as the New Normal. McKinsey & Company.

Business and Sustainable Development Commission (BSDC). 2017a. Valuing the SDG Prize : Unlocking Business Opportunities to Accelerate Sustainable and Inclusive Growth.

BSDC. 2017b. Better Business Better World : The report of the Business & Sustainable Development Commission.

Chakravorti, B. 2017. How Companies Can Champion Sustainable Development, *Harvard Business Review*. March 14.

CSR Europe. 2017. The Sustainable Development Goals (SDGs) : The Value for Europe.

EC. 2018. Action Plan : Financing Sustainable Growth (COM (2018) 097 final).

Eccles, R. G., I. Ioannou and G. Serafeim. 2012. The Impact of a Corporate Culture of Sustainability on Corporate Behavior and Performance. *Harvard Business School Working Paper* 12-035.

Eccles, R. G., M. D. Kastrapeli and S. J. Potter. 2017. How to Integrate ESG into Investment Decision-Making : Results of Global Survey of Institutional Investors. *Journal of Applied Corporate Finance* 29（4）：125-133.

Friede, G., T. Busch and A. Bassen. 2015. ESG and Financial Performance : Aggregated Evidence from more than 2000 Empirical Studies. *Journal of Sustainable Finance and Investment* 5（4）：210-233.

Margolis J. D., H. A. Elfenbein and J. P. Walsh. 2007. Does It Pay to be Good? A Meta-Analysis and Redirection of Research on the Relationship between Corporate Social and Financial Performance. *Harvard Business School Working Paper*.

Principles for Responsible Investment (PRI). 2017a. A Blueprint for Responsible Investment.

PRI. 2017b. The SDG Investment Case.

PRI. 2018. Asset Owner Strategy Guide : How to Craft an Investment Strategy.

PwC. 2017. SDG Reporting Challenge 2017 : Exploring Business Communication on the Global Goals.

Schönherr, N., F. Findler and A. Martinuzzi. 2017. Exploring the Interface of CSR and the Sustainable Development Goals. *Transnational Corporations* 24 (3) : 33-47.

Schramade, W. 2017. Investing in the UN Sustainable Development Goals:Opportunities for Companies and Investors. *Journal of Applied Corporate Finance* 29 (2) : 87-99.

Sparkes, R. and C. J. Cowton. 2004. The Maturing of Socially Responsible Investment : A Review of the Developing Link with Corporate Social Responsibility. *Journal of Business Ethics* 52 : 45-57.

United Nations Global Compact (UNGC). 2004. Who Cares Wins : Connecting Financial Markets to a Changing World.

United Nations Environment Programme Finance Initiative (UNEP-FI). 2004. The Materiality of Social, Environmental and Corporate Governance Issues to Equity Pricing.

UNEP-FI. 2005. A Legal Framework for the Integration of Environmental, Social and Governance Issues into Institutional Investment (Freshfields Report).

UNEP-FI. 2007. Demystifying Responsible Investment Performance.

UNEP-FI. 2009. Fiduciary Responsibility : Legal and Practical Aspects of Integrating Environmental, Social and Governance Issues into Institutional Investment.

UNEP-FI, PRI, UNEP-Inquiry and UNGC. 2015. Fiduciary Duty in the 21st Century.

Unruh, G., D. Kiron, N. Kruschwitz, M. Reeves, H. Rubel and A. M. zum Felde. 2016. Investing for a Sustainable Future, MIT Sloan Management Review Research Report.

van Duuren, E., A. Plantinga and B. Scholtens. 2016. ESG Integration and the Investment Management Process : Fundamental Investing Reinvented. *Journal of Business Ethics* 138 : 525-533.

column 3　CSVの「代表選手」は，代表であり続けられるのか ― Nestleの事例

　Blue Bottle Coffee (BBC) の日本上陸はまさに鳴物入りであった。スターバックスやタリーズが定着させてきたプレミアム感に満足するユーザーは，さらなるバージョンアップ―サードウェーブコーヒー―の登場を歓迎した。焙煎したてのコーヒーを楽しめる1号店（江東区清澄白河）は大きな話題となり，長時間の客待ちがしばしば伝えられた。それから3年半，ありがたいことに待ち時間はかなり短くなったが，盛夏にあっても大盛況である。

　BBCは2017年9月にNestleに買収された。ただし経営の独立性とサービス内容は維持され，私たちは何ら変わらずにそのクオリティを楽しむことができる。そして筆者は別の感慨をもつ。子どものころ，ネスカフェ（およびテレビCM）に憧れて以来，コーヒーは半世紀以上も筆者自身の必須アイテムであり，今に至るまでずっとNestleのお蔭なのだ，と改めて実感するからである。優れた品質の製品やサービスに加えてユーザーに新たな価値も提供し続ける，さすが世界に冠たるNestleである。

　Nestleは1866年創業，スイス本社を中心として世界189か国の拠点と32万人以上の従業員を有する世界最大の食品飲料会社であり2,000以上の製品ブランドを保有する。2017年の売上高は約894億スイスフラン（約10兆円）である。CSV（共通価値の創造）を事業活動の原則に据え，それによって世界の人々の生活の質を高め，健康な未来づくりに貢献することを高らかに宣言している。

　下図のごとく共通価値の創造を最上位概念として捉え，Nestleの事業と社会が最も交わる分野として栄養・水・農村開発などを重要課題（マテリアリティ課題）として定めている。この課題に対しては第三者評価を2年ごとに実施し，また課題の達成状況についてはKPIを駆使して積極的に開示している。取組みについてはDow Jones Sustainability Indices (DJSI) など代表

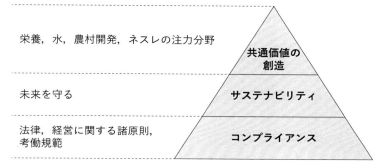

図　共通価値の創造

出所：ネスレ日本株式会社ホームページ。

的なレーティング機関が高く評価しており，Nestle自身はそのことに誇りを感じている。

　Nestleは「子どもの健康改善」「若者の支援」「未来の世代のために資源を守る」など，サステナビリティの観点から，2030年に向けた目標達成を掲げている。この姿勢と時間軸は国連SDGs（持続的な開発目標）アジェンダにも合致しており，「個人と家族のために」「コミュニティのために」「地球のために」の切り口からSDGs17目標との関連性を精緻に分析し，経営の具体的なアクションとリンクさせようとしている。あたかもSDGs推進のリーディングカンパニーを目指すかのような意気込みを感じる。また国連グローバル・コンパクトへの強いコミットも示している。

　CSVを提唱したポーター博士は成功事例の1つとして，ネスプレッソ事業におけるNestleと農家との価値共創をあげる。Nestleは特殊なコーヒー豆の品質維持と安定調達のためアフリカや中南米の零細農家に対して農法のアドバイス，ファイナンス，肥料や農薬の確保など基盤強化のための支援を惜しまなかった。これにより農家の生産力が飛躍的に向上し，Nestleは品質の高いコーヒー豆を安定的に入手でき，かつ農家の所得やモチベーションも高まる，といった好循環が生まれることになったのである。

ネスプレッソの成功によって，従前のインスタントコーヒーとは一線を画す事業が Nestle の稼ぎ頭の 1 つとなった。したがって今般の BBC の買収はプレミアムコーヒー事業を強化して成長戦略を推進する一環とみることができる。幸い BBC の経営陣は続投しており，ミーハン CEO が創業以来のポリシーとして「最も美味しくサステナビリティなコーヒーを調達」していると表明するように，Nestle の CSV アプローチとも齟齬がない，理に適った買収案件であると評価されるのではないだろうか。

　ポーター博士は CSV を「社会のニーズや問題に取り組むことで社会的価値を創造し，その結果，経済的価値が創造されるというアプローチ」と定義している。これに対して Nestle は経済的価値を「株主価値」に置き換えて共通価値を定義しており，しかも最近は，株主価値追求と社会価値追求を並列に捉える独自の CSV 観を示すようになっている。

　株主価値向上をよりアピールすべき何らかの理由があるのだろうか，と勘繰りたくもなるが，果たして 2017 年夏，「物言う株主」として名を馳せている米国の機関投資家 Third Point（TP）が Nestle 株式を取得したうえで経営に対する問題提起を行った。近年の冴えない財務成績に鑑み，収益性・資本効率を改善し，事業ポートフォリオを見直して長期的にステークホルダーの価値向上に資するべし，という論拠である。

　TP の提案はエスカレートし，2018 年 7 月には www.nestlenow.com という専用サイトを立ち上げ，より明瞭な経営戦略を示すこと，大胆に事業ポートフォリオを見直すこと，速やかに組織全体を見直すことを旨とする経営改革案を示し，他の Nestle 株主にも賛同を募るとしている。具体的には Nestle が歴史的に大事にしてきた「栄養，健康，ウェルネス」という広い括りよりも，将来成長が期待できる「コーヒー，ペットケア，乳幼児の栄養補給，水」といったコア事業に絞り，それ以外の事業の撤退を進めるべき，とする。そして社内組織を飲料，栄養，雑貨の 3 事業部門制に改め，簡素な組織によって環境変化に的確に対応できるようにすべき，とも主張する。TP は提案どおりに経営改革を進めれば，2022 年までに EPS を倍増させることも

可能であるとの試算も示している。

　Nestleの経営陣は直近のAnnual Reviewにおいて，同社の価値共創モデルはトップライン（売上）とボトムライン（利益）双方の成長に貢献することを強調している。CSV経営では短期的には採算を度外視して社会価値創出を優先しなければならない事業もあるだろうし，ポーター博士の理論ではそのような「順序」も考慮されているが，TPのごとく，リストラクチャリングによって売上を減少させても利益（EPS）の拡大を優先するような株主に対しては説得力に欠ける可能性がある。

　NestleがTPのような株主をどのように想定していたのかは定かではないが，CSV経営やSDGs課題への取組みなど，企業・社会・環境すべてのサステナビリティを追求するプロセスにおいては，各方面からの支持を獲得することが重要であることを改めて認識させられる。

　さてNestleはこの難題に対してどのような舵取りをするのだろうか。歴史的視座からみれば，近年は行き過ぎた株主重視やショートターミズムへの反省から，様々なステークホルダーのサステナビリティを重視する方向へと変わってきている。CSV経営の代表選手とも評されるスーパーグローバル企業は，株主価値と社会価値を併せて追求する経営を今後も貫けるのだろうか。私たちは暫く注視するしかないのであるが，決して日本企業にとっても他人事ではない。

第4章

新たなステークホルダー「フリーランス」についての一考察

I 「フリーランス」という新たなステークホルダー

　株主のみならず，従業員，コミュニティ，環境などの幅広いステークホルダーに配慮した経営には，長期的に企業価値を高めることができるとする「ステークホルダー経営」という考え方がある（Freeman 1984）。この考え方を支持する株主や投資家が増えたことが，ESG投資がメインストリーム化した背景の1つにある。

　これまで，企業がステークホルダーに配慮した経営を行っているかどうかは株主にとってさほど重要視されてこなかった。しかしながら，2000年代以降，急速に進展した企業のグローバル化により，ステークホルダー配慮度合が経営上のリスクやリターンに直結するようになってきたため，株主もステークホルダーに配慮しているかどうかを気にせざるを得なくなったのである。たとえば，途上国レアメタル採掘サイトにおいて，近隣コミュニティと積極的に友好な関係を構築してこなかったことが原因で，政治的暴動に巻き込まれ収奪の被害にあった事例，海外で販売した食品のなかに，宗教上摂取を禁止されている食材を添加物として使っていたことによって，市場からの回収を当局から命じられた事例など（小崎・竹林 2011），ステークホルダーへの配慮に欠いた経営が悪影響を及ぼした事例は枚挙にいとまがない。

　一方，ステークホルダー経営という文脈で語られるステークホルダーは，「環境」「従業員」「消費者」「サプライヤー」「地域コミュニティ」といった分

類が一般的であるが，とりわけ「従業員」については，近年の働き方の多様化やITの進展と普及などにともなって，「従業員」と一括りに捉えることがむずかしくなってきている。諸外国中心に，企業に直接雇用される「従業員」に加えて，契約ベースで働くフリーランスなどの形態も増えつつあるが，こうした「フリーランス」が，企業にとっての重要なステークホルダーとして明確に区別され，意識されている例はきわめて少ない[1]。本章では，今後重要性が増すと考えられるステークホルダー「フリーランス」について取り上げ，フリーランスを巡る動向，今後重要性が増す背景についての整理を行う。

1.「フリーランス」とは

わが国において，2017年はフリーランスや副業に注目が集まり，フリーランスや副業の元年ともいわれている。しかし実際はフリーランス (freelance) は決して新しい働き方というわけではない。自由な (free) 槍 (lance) という英語の名称どおり，従来は中世の傭騎兵を意味する言葉であった。自由な槍を意味する freelance は，忠誠心や主従関係に囚われない自由な騎士であり，報酬や戦の意義を受け入れることができれば，どの君主の下でも戦ったという。現代では，特定の企業に所属せずにその都度契約を結びながら働く個人に広く使用されるようになったのである (Pink 2002)。企業に所属しないためいわゆる従業員とは異なり，さらに自ら従業員を保有するわけでもないため，経営者とも異なる存在である。こうした個人のことを指す用語としてはフリーランスのほか，ポートフォリオワーカー (Handy 1994)，eランサー (Malone 2004)，フリーエージェント (Pink 2002)，スーパーテンプ (Miller and Miller 2012) となどもある。

定義やデータの取得方法は異なるものの，諸外国において，フリーランス人口は徐々に拡大しつつある[2]。

---

1) サステナビリティに関する国際基準である GRI (Global Reporting Initiatives) によれば，フリーランスを意味する Independent contractors は「サプライヤー」に含まれている。
2) ただし，米国のフリーランス人口の数値は，モニター調査からの推計値である点には留意が必要である。

(1) 米国のフリーランス市場

UpWork（2007）によれば，米国におけるフリーランス人口は2017年時点で57.3百万人で，労働力人口の約36％を占める。今後も増加し，2020年までに過半数がフリーランスになると予想されている[3]。ただし，ここでのフリーランスには，独立受託者（Independent Contractor, 31％）のほか，多様な労働者（Diversified Worker, 35％），副業として仕事を受けるムーンライター（Moonlighter, 23％），非正規労働者（Temporary Worker, 6％），事業主（Freelance Business Owner, 6％）が含まれている点には注意が必要である。どこまでをフリーランスとするかは議論の余地があるものの，総数として着実に増えてきているとはいえよう。増加を牽引しているのは，18〜34歳の若年層であり（2014年比9％増），他の年齢層は2014年比ほぼ変化がない。フリーランスは，いわゆるミレニアル世代により支持されている働き方である。

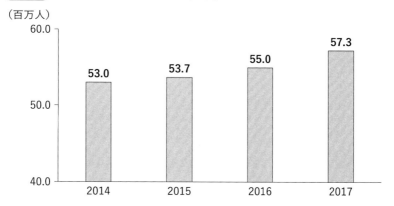

図4-1 フリーランス人口の推移（米国）

出所：UpWork（2017）。

---

3) 過去12か月に有償で業務を実施した成人，6000人を対象とした調査に基づく。調査は米国のEdeleman Intelligenceにより実施された。労働人口動態にあわせるために，調査結果は重みづけされて集計されている。

(2) 欧州のフリーランス市場

　欧州でもフリーランスは増加傾向にあり，EU27か国におけるスキルのあるフリーランス（iPro）の増加率は2004から2013年までの10年間で47％である（European Forum of Independent Professionals 2016）。実数では，2013年で約9百万人，EU27か国の労働力人口241.1百万人（Eurostat 2012）に占める割合は4％弱である（図4-2参照）。

　ここでのフリーランスの定義は以下のようにスキルのあるプロフェッショナルに限定されている。スキルのあるフリーランスのことをiPro（Independent Professionalの略）とし，表4-1のように定義，業務・業種も限定し，Eurostat Labour Force Surveyからデータを抽出している。

(3) 日本のフリーランス市場

　リクルートワークス研究所（2018）によれば，日本におけるフリーランス

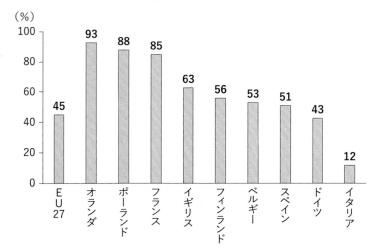

図4-2 スキルのあるフリーランス（iPro）人口の伸び率
（2004～2013年，EU27か国）

出所：European Forum of Independent Professionals（2016）。

表 4-1 iPro の概要

iProの定義	・従業員をもたない，独立した存在であること ・農業，ハンドメイトや小売セクター以外の業種での事業に従事し，スキルを積み高い成果を出せるプロフェッショナルであること
業務・業種	・Information and communication ／情報通信業 ・Financial and insurance activities ／金融・保険業 ・Real estate activities ／不動産業 ・Professional, scientiic and technical activities 　／専門的，科学的，技術的事業 ・Administrative and support services 　／管理および支援サービス ・Education ／教育 ・Human health and social work 　／ヒューマンヘルス・ソーシャルワーク ・Arts, entertainment and recreation 　／芸術・エンターテイメント・リクリエーション事業 ・Other service activities ／その他のサービス事業

出所：European Forum of Independent Professionals（2016）をもとに作成。

人口は2018年時点で300万人（専業フリーランス），副業・複業フリーランサーは140万人で，両方あわせて就業者の約7％を占める。ここでのフリーランスは①雇用者のない自営業主もしくは，内職であり，②実店舗をもたず，③農林漁業（業種）従事者ではない，と定義されている。また，ランサーズの調査によれば，2015年と比較すると2018年のフリーランス人口は23％程度伸びているという。

2.「フリーランス」と企業との関係

　フリーランス人口増の背景には，各種技術の深化および人材と企業をマッチングするプラットフォームビジネスの発展があげられる。フリーランスと一言でいってもその中身は多様であり，企業に高い付加価値を与えるフリーランスがいる一方で，代替可能な低賃金労働者という側面もある。注目すべきは，イノベーション創出の担い手となるようなフリーランスであろう。

(1) フリーランス増を支えるプラットフォーム

フリーランスが増加している背景には，以下の要因があげられる（Hajiu and Biederman 2015）。

- ブロードバンド接続の普及
- ドロップボックスやエバーノートのような，クラウドベースのコラボレーションツールの発展
- スカイプやグーグル・ハングアウトのような，オンラインコミュニケーションサービスの発展
- 経験豊富な有能人材の需要と供給を，迅速かつ正確にマッチングする人材プラットフォームの発展

同じ場所にいなくても働ける環境の整備が進み，多様な人材と出会うことのできる人材プラットフォームの発展がフリーランス増を下支えしている。こうしたプラットフォームの広がりのことを，ギグ・エコノミーやオンデマンド経済ともいう。

人材プラットフォームで代表的なのは，米国のUpWorkだ。同プラットフォームには年間で100万件以上の仕事がポストされ，同プラットフォームを通じてフリーランスが稼ぐ金額は10億ドル以上に上る（UpWork）。対象とする職種は幅広く，各種エンジニア，デザイナー，ライターに加えて，クライアントサービス，セールスやマーケティングスペシャリスト，コンサルタントなど多岐にわたる。

もう少し職種領域を絞った人材プラットフォームの一例としては，米国のKaggleがあげられる[4]。同プラットフォームは，世界中のデータサイエンティストとデータ分析にかかる課題解決を望む企業をつないでいる。企業が予測モデルの解決をポストし，世界中のデータサイエンティストがコンペ形式で最適モデルを競っている。大企業も多く参加し，2018年2月には日本のメルカリも，販売者に適正な販売価格を予測するモデル作成をKaggleのプ

---

[4] 2017年には米Googleに買収されている。

ラットフォームに投稿しており，1位には6万ドル，2位には3万ドル，3位には1万ドルの賞金を用意し，全世界から2000以上のチームが参加した。

　Kaggleのようなハイスペック層のプラットフォームと対照的なのが，米AmazonのMechanical Turkサービスである。音声録音の転写，画像の認識など，コンピューターが不得意な領域に特化している。たとえば，「写真を見てタグ付けをする」「レシートの画像を見て内容を入力する」など，コンピューターでの自動化がむずかしいものの，人が行うと簡単にできるタスクに特化している。企業はこれらのタスクを1件数セントから数ドルで発注することができる（比嘉・井川 2013）。

(2) フリーランスを捉える視点

　このようにフリーランスと一言でいっても，担当するビジネス領域やその難易度は様々である。ビジネスのあらゆる領域かつ様々な難易度領域に存在するがゆえ，フリーランスをどのような働き方と捉えるかについても複数の視点がある。たとえば宇田（2009）の整理では，3つの視点がある（表4-2）。

　UpWorkで高収入を得ることができるフリーランスは自由な働き方の象徴のような存在であり本人の満足度も高いことと予想されるが[5]，AmazonのMechanical Turkのようなプラットフォームにかかわっているワーカーにとっては，新たなタイプの低賃金職種の出現であり，フリーランスの増加はあまり好意的に捉えられていない[6]。

　企業との関係性でいえば，単純作業の担い手としてのフリーランスよりも，今後重要となるのは「英雄言説」のように，企業に付加価値を与えるようなフリーランスであろう。なぜならイノベーションは企業にとって喫緊の課題

---

[5] たとえば，ダイアン・マルケイ著『ギグ・エコノミー 人生100年時代を幸せに暮らす最強の働き方』（日経BP）などがその代表例。
[6] たとえば，Atlanticの「The Internet Is Enabling a New Kind of Poorly Paid Hell」（https://www.theatlantic.com/business/archive/2018/01/amazon-mechanical-turk/551192/　検索日2018年12月5日）などがその例。

表 4-2　フリーランスを捉える視点

騎士言説	・自由や自律といった側面が強調され，独立独歩の自由騎士を想起させる言説 ・フリーランスは自らの知識や技能を基に自律的で柔軟性に富む働き方を体現する存在として描かれる傾向
従僕言説	・服従や隷属などの側面が強調され，社会的弱者あるいは従属者を想起させる言説 ・特定の組織に所属せず働く個人は労働市場のへりに追いやられた弱者であり，彼らの増大は社会的に憂慮すべき事態として捉えられている
英雄言説	・自由や自律を強調する騎士言説に変革や創造といった側面が加えられ，革新的な開拓者・先導者を想起させる言説として近年台頭してきたのが，英雄言説 ・自由かつ自律的な個人が，クリエイティビティを発揮しながら眼前の問題解決や閉塞状況の打破を成し遂げ，産業や社会に革新をもたらす存在として称揚されている

出所：宇田（2009）をもとに作成。

だからだ。

(3) イノベーションの担い手としてのフリーランス

　企業に付加価値を与えるフリーランスを1つの類型として捉えた先行研究としては，Handy（1994），Pink（2002），Malone and Laubacher（1998），Malone（2004），Miller and Miller（2012），Burke（2012）などがある。

　「ポートフォリオワーカー」を提唱したHandy（1994）は，企業における知能の重要性が増し，企業はプロジェクトの塊となり，組織内部でのフルタイマーは減り，それ以外は外部人材により構成されるようになると指摘する。個人は分散投資家のように複数のクライアントと契約を交わしながら自律的に働く「ポートフォリオワーカー」になるという。Handyは，これからの企業はクローバー型組織（Shamrock Organization）になるとし，主に以下3つの労働力により構成されるとする（Handy 1989）。

　1．コアスキルを持つ「プロフェッショナル従業員」

2．プロジェクトベースで雇用される「プロフェッショナルフリーランス」
3．ルーティン業務を行う「非正規従業員」

　Malone and Laubacher（1998）は，電子的に連結されたフリーランスを意味する用語として「eランサー」を提唱した。基本ユニットは個人だが，流動的で一時的なネットワークをつくり，仕事がおわればネットワークは解散する。eランサーを活用することが多い業界としては，映画業界や建設業界をあげている。
　「フリーエージェント」を提唱したPink（2002）は，アメリカの労働人口の4分の1の約3300万人は，決められたひとりの上司の下で働くのではなく，大きな組織のくびきを離れて，複数の顧客を相手に，自分にとって望ましい条件で独立して働く「フリーエージェント」であると分析する。フリーエージェントの内訳は，いわゆるフリーランスが1650万人，従業員を数名かかえるミニ起業家が1300万人，臨時社員が350万人という。忠誠心と引き換えに安定を保障してもらうこれまでの労使間の社会的契約の崩壊，組織寿命の短命化に加えて，テクノロジーの発展，人々が仕事にやりがいを求めるようになったことが，フリーエージェントが登場してきた背景とする。大企業の仕事は出世するほど興味の薄い仕事となり，人が去っていくとし，優秀な人材は組織のはしごを上るというキャリアの積み方ではなく，技能やコネ，関心など，基本的なブロックをいろいろ組み合わせてキャリアを形成するようになるとする。
　Miller and Miller（2012）は，一流企業で高度な勤務実績を積んだスーパー人材が，プロジェクトごとに会社を移動し，革新的な業務を成功させていくようになると分析し，こうした人材を「スーパーテンプ」と名付けた。これまでの雇用の安定，十分な福利厚生を約束する社会契約は消滅した結果，高い学歴を有し高度な業務経験のある人材が企業に属さずプロジェクト単位の仕事を受ける道を選ぶようになったという。こうしたスーパーテンプは全米で300万人いると推計されている。組織に属していると，社内会議や社内政

治に30～40％の時間を割かざるを得ないが，独立するとそれらから解放されるため，イノベーティブな力を遺憾なく発揮できる。企業にとっても過去に前例のないプロジェクトや革新的業務の担い手を従来の社員だけが担当するのは困難になってきており，外部の優秀な人材を一時的に雇うことは理にかなうとする。人材にも企業にもメリットがあるため，スーパーテンプを中心とするスキルのあるプロフェッショナル人材の流動化が進み，新たな市場が形成されることで，社会のイノベーションを加速することができるとする。

母集団としての名称はとくにつけていないものの，Burke（2015）は，先進国を中心として，過去30年のイノベーションが牽引してきた経済においては，フリーランスの重要性が増していると指摘する。大企業，スタートアップ等での23の事例を通じて，フリーランスはイノベーション創出のあらゆるフェーズ，様々な機能（function）において貢献すると分析している。

国内での先行研究は限定的であるため，筆者らが実施したものを紹介する。高い専門性をもち，取引先企業と対等な関係を通じて，企業の組織変革やイノベーション創出の触媒としての役割を担うことができるフリーランスを「変革型フリーランス（Innovation leading freelancers）」と定義し，アンケート調査（168名回答，うち変革型フリーランスは120名）およびヒアリング調査を実施。変革型フリーランスは全国平均の正社員時給よりも高単価を稼ぎ，月平均の労働時間は160時間以下で幅広く分布し，フリーランスになったことへの満足度が高いことを確認している（小崎ほか2018）。

変革型フリーランスが企業に与えた影響・効果[7]としては，図4-3のように「企業にはない専門性の提供」がトップであった。高い専門性をもち，企業に新たな価値提供を行うフリーランスの存在は日本でも徐々に広がりつつある。

---

[7] 複数回答可能な設問。

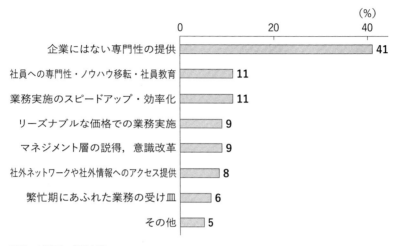

図4-3 フリーランスが企業に与えた影響・効果

出所：小崎ほか（2018）。

Ⅱ　企業はフリーランスとどう向き合うべきか

1. フリーランスの重要性が増す背景

　今後日本の人口は減少の一途をたどり，従来型の新卒一括採用，フルタイムを前提とした正社員を中心とする雇用形態では労働力の確保はますます困難となる。企業を取り巻く環境変化のスピードは増し，必要となるスキルセットも著しく変化するため，より機動的な人材確保が求められる。そうしたなかで，フリーランスは労働力確保という「量」の面，社内にないスキルをもつ人材の確保という「質」の面の両面から今後重要性が増すと考える。

（1）労働力減に備える

　人口減少等を背景に，足元の有効求人倍率はバブル期を超える水準にある

(図4-4)。現状のままの労働参加率を前提とすると2065年の労働力人口は，2016年比4割減という推計もある（みずほ総研2017）。優秀な人材の確保はますます困難になるため，これまでにない採用手法や人材の活用方法が必要となる。具体的には，女性やシニアなどの労働市場に参加していない人材の有効活用に加えて，イノベーションの担い手としてのフリーランスの活用が考えられる。

(2) 環境変化に対応する

第四次産業革命が進展するなかでは，仕事の単位は「企業」から「プロジェクト」に変化していくと予想されている。たとえば，厚生労働省が公表した「働き方の未来2035：一人ひとりが輝くために」では，「2035年の企業は，極端にいえば，ミッションや目的が明確なプロジェクトの塊となり，多くの人は，プロジェクト期間内はその企業に所属するが，プロジェクトが終了するとともに，別の企業に所属するという形で，人が事業内容の変化に合わせ

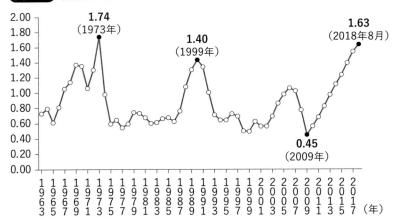

図4-4 有効求人倍率の時系列推移

出所：厚生労働省。

て，柔軟に企業の内外を移動する形になっていく」という。外部環境の変化にあわせて，企業は必要なプロジェクトを組成，必要なメンバーをアサインし，プロジェクトがおわったら解散，というサイクルを繰り返すようになる。必要となるスキルもめまぐるしく変化するなかでは，フルタイム正社員だけでなく外部人材であるフリーランスも活用せざるを得なくなろう。

たとえば，以下は米国の UpWork が調査した 2018 年第二四半期の特にニーズのあるスキル上位 10 である。これらのスキルは前年同期比に比べて，ニーズが 5 倍以上伸びているという。ここ数年で出現したスキルが多く，需要のあるスキルがいかに早く変化していることがうかがえるだろう。

1. Blockchain
2. Google Cloud Platform
3. Volusion（※ EC サイト構築技術）
4. Risk management
5. Product photograph
6. Rapid prototyping（※短期間で試作品を作る技術）
7. Google App Engine API
8. SCORM（※ e ラーニングにおける標準規格）
9. GitLab（※ソフトウェア開発支援技術）
10. Go development（※プログラミング言語）

2. 新たなステークホルダーとの関係性構築

重要性が増すとはいえ，現時点でフリーランスを活用する企業は限定的である。フリーランスの活用を人口減や環境変化に対応するための 1 つの選択肢と捉え直し，フリーランスと対等に付き合っていくことでその価値を発揮させることができる。

(1) 選択肢の1つと認識する

　現時点では，フリーランスを活用する企業は限定的である。経済産業省 (2016) のアンケート調査によれば[8]，自社の社員以外のフリーランス人材活用状況では，「現在活用しておらず，今後の活用も検討していない」(47.6%) が全体の半数近くを占め，「現在は活用していないが，今後の活用を検討している」が33.5%，「活用している」は18.9%である。フリーランス活用においては，情報漏洩をどう防ぐか，契約内容をどうするか，万が一のリスクをどう担保するかなど，様々な障壁があるのは事実だ。しかしながら，今後人手不足が深刻化するなかで，責任ある仕事はフルタイム正社員にしか依頼できないという固定観念にとらわれずに，まずは選択肢の1つとして認識することが重要であろう。

(2) 対等なパートナーとして接し，選ばれる存在になる

　フリーランスに対する調査で，プロジェクトが成功するために，企業に求められることは何か，という質問に対する回答を図4-5に示す。下請け業者のように上と下という関係ではなく，対等なパートナーとして接すること，求めていることを明確にすることが重要である。

　さらに，小崎ほか (2018) によれば，イノベーションに貢献するようなフリーランスには業務の発注依頼が多く舞い込むため，すべてを受けているわけではなく，一緒に仕事をしたい相手なのかどうかといった基準で選択しているという。対等なパートナーとして接しなければ，むしろ選択肢の1つにもならないという可能性もある。

---

[8] 経営企画・事業企画と経営管理の部長職以上，206名が回答。

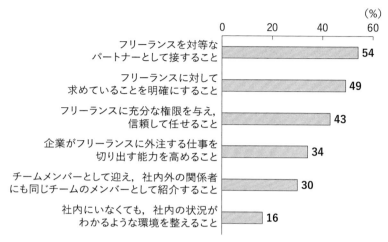

図 4-5 プロジェクトが成功するために企業に求められること

出所：小崎ほか（2018）。

III おわりに

　本章では，諸外国でフリーランス人口が拡大していることを確認するとともに，フリーランスのなかでもとくにイノベーション創出に貢献するようなフリーランスに注目する必要があること，人口減や環境変化に対峙するためにフリーランス活用を選択肢の1つとしてもっておくこと，ステークホルダーの1人として対等に接することの重要性を述べた。

　ESG投資家にとっても，企業がこの新たなステークホルダーのことをどう捉えているのか，また今後の人口減や環境変化にどのような戦略で対応しようと考えているのかを確認することは，企業の長期的な企業価値を評価するうえで大事な視点であろう。デジタル化の急速な進展を背景とする第四次産業革命の時代には，企業価値における人的資本の重要性は増す。世界経済

フォーラム (WEF) 会長のクラウス・シュワブ氏によれば，「熟練労働者の不足がイノベーション（革新）や競争力，成長の制約要因になる公算が大きい」（日本経済新聞（2018年9月28日朝刊））という。中途採用競争は激化し，新卒採用の母集団は減少の一途をたどっているなかでは，高度なスキルをもつ人材をいかに惹きつけ，いかに機動的に活用できるかが重要となる。事業やプロジェクトの目的にあわせた柔軟な人員配置をいち早く実現できる企業が生き残っていくだろう。そうした企業を見極める視点として，本章が少しでも役に立てば幸いである。

[参考文献]

宇田忠司. 2009.「フリーランスの言説スペクトル：英雄・騎士・従僕」『經濟學研究』59（3）：215-224.
経済産業省. 2016.「働き方改革に関する実態調査」.
小崎亜依子・中西穂高・水間玲子. 2018.「「変革型フリーランス」という新たなカテゴリーの台頭」『日本テレワーク学会第20回研究発表大会予稿集』：14-19.
小崎亜依子・竹林正人. 2011.「国内外におけるESG投資の現状と考察」『証券アナリストジャーナル』49（5）：8-18.
総務省. 2018.「労働力調査（基本集計）平成30年（2018年）7月分」.
比嘉邦彦・井川幸作. 2013.「クラウドソーシングの衝撃」株式会社インプレスR&D.
みずほ総合研究所. 2017.「少子高齢化で労働力人口は4割減」『みずほインサイト』.
ランサーズ株式会社. 2018.「フリーランス実態調査2018年版」.
リクルートワークス研究所. 2016.「Work Model 2030 テクノロジーが日本の『働く』を変革する」.
リクルートワークス研究所. 2018.「全国就業実態パネル調査 日本の働き方を考える2018」4.
Burke, A. 2012. The role of freelancers in the 21st century british economy. The Association of Independent Professionals and the Self-Employed.
European Forum of Independent Professionals (EFIP). 2016. Future Working: The Rise Of European's Independent Professionals (http://www.efip.org/future-working-the-rise-of-europeans-independent-professionals).
Eurosta. 2012. Labour force survey overview 2012 (https://ec.europa.eu/eurostat/statistics-explained/index.php/Archive : Labour_force_survey_overview_2012 検索日2019年1月5日).
Freeman, R. E. 1984. *Strategic Management : A Stakeholder Approach*. Pitman Publishing.
Hajiu, A. and R. Biederman. 2015. The Dawning of the Age of Flex Labor. *Harvard Business Review* (https://hbr.org/2015/09/the-age-of-flex-labor-is-here 検索日2018年12月10日).

Handy, C. 1989. *The age of unreason*. Harvard Business School Press.
Handy, C. 1994. *The Empty Raincoat：Making Sense of the Future*. Hutchinson（小林薫訳．1995．『パラドックスの時代―大転換期の意識革命―』ジャパンタイムズ）．
Malone, T. W. and R. J. Laubacher. 1998. The Dawn of the E-Lance Economy. *Harvard Business Review* 76（5）：145-153.
Malone, T. W. 2004. The Future of Work：How the New Order of Business Will Shape Your Organization, Your Management Style, and Your Life（高橋則明訳．2004．『フューチャー・オブ・ワーク』ランダムハウス講談社）．
Miller, J. G. and M. Miller. 2012. The Rise of the Supertemp. *Harvard Business Review*（有賀裕子訳『ハーバード・ビジネス・レビュー』2013年5月号）（https://hbr.org/2012/05/the-rise-of-the-supertemp　検索日2018年12月10日）．
Pink, D. H. 2002. *Free Agent Nation*. Grand Central Publishing（池村千秋訳．2011．『フリーエージェント社会の到来―「雇われない生き方」は何を変えるか』ダイヤモンド社）．
UpWork. 2017. Freelancing in America 2017（https://www.upwork.com/i/freelancing-in-america/2017/　検索日2018年12月10日）．
UpWork. https://www.upwork.com/about/（検索日2018年12月10日）
UpWork. 2018. Q2 2018 Skills Index, ranking the 20 fastest-growing skills for freelancers（https://www.upwork.com/press/2018/07/31/q2-2018-skills-index/　検索日2018年12月10日）．

column 4　ESG情報は，投資情報として利用されているのか

　1990年代の後半から財務情報の価値関連性の低下が叫ばれ，非財務情報に対する注目されるようになってからもう20年近くになる。今も，非財務情報の開示に対する期待の高い状態が続いている。ただ，企業における初期のころの開示の議論と比較すると，情報の量よりも情報の質に関するものに変わってきている。つまり，何か新しい開示項目を増やすことよりも，既存の開示の枠組みについてのガイダンスやベストプラクティスの議論が増えてきているということだ。そして，投資家も，PRIに署名するアセットオーナーが増えてくると，非財務情報の頭文字をとったESGという言葉を頻繁に使いはじめるようになり，その後，日本では，GPIFがPRIに署名すると，一気にESG投資が投資のメインストリームとして取り扱われるようになった。

　本コラムでは，ESG情報と投資の関係について筆者なりの意見を述べさせていただこうと思う。もともとESG情報という言葉は，リーマンショック後，欧州からの投資のショートターミズムに対する反省とアセットオーナーによる長期投資へのパラダイムシフトを求める動きに端を発し，次第に日本の投資の世界にも浸透してきたという経緯である。それ以降，企業の開示は，単にESG情報を開示するだけでなく，統合報告書のような，ストーリー性豊かな報告書のなかで，企業からその背景も含めてESGが語られるようになったのだ。このようなESG情報の開示情報が増えることによって，恩恵を受けた情報利用者は，アクティブ運用とよばれる手法をとる投資家である。アクティブ運用とは，個別の企業の開示情報の分析やインタビュー等を通じて，そこから潜在的な企業価値を見出して，投資を行う手法である。したがって，質の高い開示を行っている企業が，対象銘柄になりやすいのは自明の理であろう。しかし，投資の実績という面ではどうであろうか。2018年

6月に公表されたアクティブ・ファンドマネージャー分科会報告書によると，日本における株式運用は，パッシブ運用が主流であるそうだ。また，日本の場合，パッシブ運用の対象となるインデックスのほとんどは，日経225やTOPIXに連動したものである。したがって，パッシブ運用においては，ESG情報でいくら質の高い開示を行っていたとしても，もともとインデックスに入っていなければ投資の対象外となってしまうことを意味している。

ただ，ここで，アクティブ運用が活発化していないことを理由に，投資家は「ESG情報を投資に利用していない」と主張するつもりない。もともと，運用スタイルの選択は，開示情報の質によって決まるのではなく，アセットオーナーのリスクアペタイトによって変わってくるものである。また，リスクアペタイトは，金融市場の動向や投資パフォーマンスによって影響を受けることがあるかもしれないが，企業の開示情報から影響を受ける類いのものではないであろう。また，投資判断も，期間や手法によって必要な情報の勘所が異なると考えれば，個々の企業の開示情報が直接投資判断に影響を及ぼすということは，ますます考えにくくなる。

それでは，ESG情報と投資行動との関係をどのように考えればよいであろうか。筆者は，論点の所在をESG情報が投資情報として果たす役割にあると考える。ここでの投資情報とは，開示情報から加工されたデータベース等に収録されている情報全般を指している。当然，投資情報と開示情報との選択や使い方は，投資についての考え方も含めて個々の投資家によって異なっている。しかし，情報の基本的な使い方として，時系列に代表される情報の連続性と投資対象間の比較対象性が担保されていることが重要であるという点では共通しているであろう。その観点では，投資情報として連続性や比較対象性が担保されている情報は，投資家からの支持も高いと予想され，一方，その条件に欠けるような場合には，内容として有用で質の高い情報であっても用途としては限定されてしまう。これは，財務情報でもESG情報でも，どんな投資情報でも同じことである。そして，この考え方を整理するために，下図は，情報開示と投資情報の関係についてまとめたものである。

図 情報の開示の密度による連続性と比較対象性の関係(イメージ図)

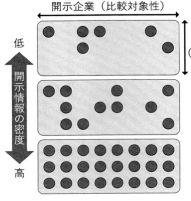

【初期】開示企業数も少なく,開示をしていることが付加価値として評価される状況。

【中期】開示企業数は増加。企業間の比較の対象として利用されはじめる状況。

【成熟期】開示情報として認知され,開示することが前提となっている状況。

出所:著者作成。

　投資にとって有用な情報は,開示の密度によって変わってくる。たとえば,情報開示の初期では,開示する企業数も少なく,また,内容についても一様ではないが,開示されているだけで貴重な情報である。投資家が企業と対話をする際の材料として利用価値が認められるであろう。もう少し,情報密度が高くなると,開示情報の有用性が認められるようになり,開示する企業数も増加し,開示企業間での比較も可能となる。統合報告書などで,評価されるような情報などがこれに該当するであろう。そして開示情報として成熟した段階では,ほとんどの企業が開示することで,企業間の比較が可能となり,時系列の情報も整うことによって情報の連続性も担保される。この段階までくれば,データベースにも収録することができる。

　このような開示情報の段階として,現在のESG情報はどこにあるのであろうか。たとえば,環境やガバナンスの一部の情報は,質や量の面でもその要件を満たしており,投資情報として必要不可欠なものとして取り扱われている。ただ,これらの情報のなかに定性情報があり,なかには計量化がむずかしいもの含まれている。さらに,最近の投資家の多くは,増大した開示情

報を整理するために，投資家自らではなく，情報ベンダーのような情報加工者が間に入っている。結果，投資家が開示情報に直接触れる機会が減ってしまい，企業と投資家の間に認識のギャップを生みやすくなっている。

　それでは，日本において ESG 情報の投資情報としての有用性を高めるためにはどうすればよいだろうか。そのヒントとしては，たとえば CDP による環境情報や，SASB の KPI 戦略などが参考になるのではないか。これらに共通するのは，いずれも情報を仲介するプラットフォームであり，投資情報として利用されている点である。さらに，そこでの主役は，情報作成者である企業ではなく，また投資家に代表される情報利用者でもない。むしろ情報仲介機能を担う，情報ベンダーであり，情報基盤を整備するルールセッターが主役なのである。翻って日本の状況はどうであろうか。開示情報としてのESG 情報は，投資情報として役割を果たせるだけの質と量を満たしている。問題は，それを加工するためのプロセスが情報仲介者にあまり理解されておらず，それらを支える統一的なプラットフォームも整備もされていないことにある。そのことに，そろそろ企業も投資家も気づいてもよい時期のではないだろうか。日本でも開示することだけを自体を評価するのではなく，開示情報の有用性を高める議論が盛り上がってくることを期待したい。

[**参考文献**]

松山将之. 2016.「「ビッグデータと財務情報分析の未来―財務情報の価値は低下しているのか？―」『証券アナリストジャーナル』54（1）: 8-17.

経済産業省. 2018.「アクティブ・ファンドマネージャー分科会報告書」.

第 5 章

ESG投資推進の課題
― アセット・オーナーの役割と責任 ―

I　はじめに

　2015年9月に年金積立金管理運用独立行政法人（Government Pension Investment Fund：GPIF）が国際連合の責任投資原則（United Nations Principles for Responsible Investment：UN-PRI）への署名を表明して以来，わが国の資産運用市場におけるESG投資は急速に拡大している。その市場規模，歴史，投資哲学などにおいては，欧米のESG投資とは大きな隔たりはあるものの，以前から社会的責任投資（Socially Responsible Investment：SRI）を研究していた筆者としては感慨深い。

　GPIFのUN-PRI署名表明前は，わが国でESG要因に基づいた投資を行っていたのは，年金基金から運用委託を受けたニッセイアセットマネジメントなどの一部のアセット・マネジャーとSRIファンドの10社程度であった。アセット・オーナーとしては，地方公務員共済組合連合会，労働金庫連合会，キッコーマンとセコムの企業年金基金などがESG要因に基づく投資に取り組むだけであった。

　ところが，GPIFのUN-PRI署名により，わが国の機関投資家の意識と行動は大きく変わった。それは，わが国の資産運用における「産業革命」と呼ぶことができる大変革である。しかし，わが国のESG投資はようやく始まったところである。

　一方，欧米のESG投資は，キリスト倫理を基盤とする欧米文化のなかで生

まれ100年の歴史があるSRIを前身とする。SRIは，100年の間に様々な社会課題に取り組み，社会正義と企業変革というSRIの投資哲学を磨いてきたと考える。欧米SRIは，倫理的投資，社会的責任投資，サステナブル投資そしてESG投資と外観は変わっても，SRIの投資哲学は受け継がれていると考える。このような欧米のESG投資と比較すると，歴史の浅いわが国のESG投資は，経験値の蓄積が不可欠である。

本章では，最初にESG投資とは何かを再確認したい。そのうえで，わが国において，ESG投資を持続的に成長させるための施策を検討したい。本章では，その施策の主役として，ESG投資の主体であるアセット・オーナー，アセット・マネジャー，上場企業のうち，アセット・オーナーに焦点をあてて論じたい。

II わが国で盛り上がるESG投資とは

わが国においてESG投資が本格的に動き出した契機は，2015年9月のGPIFによるUN-PRI署名の表明である。前年の2014年には，経済産業省の「伊藤レポート」[1]と金融庁による日本版スチュワードシップ・コード（SSコード），そして2015年には東京証券取引所の上場企業に対するコーポレートガバナンス・コード（CGコード）が公表された。

このように，官公庁主導で健全なインベストメントチェーン構築の道筋が示され，ESG投資が一気に広がる土台はつくられていた。

UN-PRIは表5-1が示すように6原則からなる。その第1原則がインテグレーションを指しており，第2原則はエンゲージメントを指しているといえる。UN-PRIは，この2つの投資手法に基づく投資を「責任投資」とよび，経

---

[1] 経済産業省「持続的成長への競争力とインセンティブ〜企業と投資家の望ましい関係構築〜」プロジェクト（伊藤レポート）(http://www.meti.go.jp/press/2014/08/20140806002/20140806002-2.pdf 検索日2014年9月27日)。

表 5-1　責任投資原則の 6 原則

原則1	私たちは投資分析と意思決定のプロセスにESG課題を組み込みます。
原則2	私たちは活動的な所有者となり，所有方針と所有習慣にESG問題を組入れます。
原則3	私たちは，投資対象の企業に対してESG課題についての適切な開示を求めます。
原則4	私たちは，資産運用業界において本原則が受け入れられ，実行に移されるよう働きかけを行います
原則5	私たちは，本原則を実行する際の効果を高めるために，協働します。
原則6	私たちは，本原則の実行に関する活動状況や進捗状況に関して報告します。

出所：UN-PRI ウェブサイトに掲載（https://www.unpri.org/download?ac = 1541　検索日 2018年9月24日）。

表 5-2　JSIF サステナブル投資残高

（単位：10 億円）

	第1回	第2回	第3回
調査実施時期	2015年11-12月	2016年9-10月	2017年9月
サステナブル投資合計額	26,687	56,257	135,596
集計の時点	任意	2016年3月末	2017年3月末

出所：JSIF（2018, 7）表1-2-1。

済的リターンを唯一の目的とする。

　次に，わが国における ESG 投資の現状を，NPO 法人日本サステナブル投資フォーラム（Japan Sustainable Investment Forun：JSIF）の日本サステナブル投資白書（2015 年；2017 年）およびサステナブル投資残高調査（2016 年）で概観する。JSIF による第 1 回のサステナブル投資残高の調査は，主に SS コード署名機関を対象に行われた。その結果は，表 5-2 が示すように，わが国の ESG 投資残高は 26 兆円を超えていた。この結果は，市場関係者の予想を大きく上回るものであった。

表 5-3 投資手法別残高

(単位：10 億円)

	第1回	第2回	第3回
インテグレーション	17,556	14,240	42,966
ポジティブ・スクリーニング（ベスト・イン・クラス）	327	3,020	6,693
テーマ投資	786	1,036	1,385
インパクト投資	88	370	373
議決権行使・エンゲージメント	11,710	34,890	143,045
ネガティブ・スクリーニング	4,573	2,250	14,310
国際規範に基づくスクリーニング	6,075	6,742	23,909

注：重複回答があるので，表5-2の残高と一致しない。
出所：JSIF (2018, 8) 表 1-2-2。

　さらに，JSIFは，表5-3が示すように，サステナブル投資残高を手法別に報告している。JSIFの報告から，わが国のESG投資家はUN-PRIが提唱するインテグレーションとエンゲージメントだけではなく，多岐にわたる手法を用いているといえる。したがって，わが国におけるESG投資は，UN-PRIが提唱する「責任投資」よりも広範な概念といえよう。

　実際の運用において，わが国でも多様なESG投資の手法が採用されれば，わが国のESG投資市場は厚みを増し，投資を通じて社会におけるESG要因の改善が進むと考える。また，アセット・マネジャーの収益機会が広がる可能性が高まると考える。したがって，ESG投資家は，様々なESG投資手法に取り組むことが望ましいと考える。

III アセット・オーナーの役割と責任

　ESG投資の主体は，アセット・オーナー，アセット・マネジャー，上場企業である。本章では，これらの主体のうち，アセット・オーナーに着目する。
　アセット・マネジャーについてはビジネスとしてのESG投資の厳しい競争

により，独自の運用スタイルと経験値を高めていくことが期待される。なかには淘汰されるアセット・マネジャーも現れるであろう。その競争を正しい方向に導くことはアセット・オーナーの役割と責任であると考える。

上場企業については，GPIF がインデックスに基づく ESG 投資を開始したことで，自社株式のインデックス採用が大きな関心事になっていると推測される。このように企業の ESG 要因への関心が高まっている状況で，アセット・オーナーの意思を理解するアセット・マネジャーが，上場企業と建設的な対話を行うことより，企業の ESG 要因が改善されることが期待される。したがって，上場企業の ESG 要因改善にも，アセット・オーナーの役割と責任は大きいと考える。

わが国の主なアセット・オーナーは年金基金と保険会社である。年金基金は分散投資を基本方針とするのに対し，保険会社全体では国債などの債券運用が資産全体の 6 割以上を占め運用の中心となっている[2]。

本章では，株式での運用比率が相対的に高く，企業との建設的対話への貢献が期待される年金基金について論じる。さらに年金基金のなかでも，資産規模の大きい GPIF，共済組合，企業年金連合会に焦点をあてて論じる。

Ⅳ アセット・オーナーによる ESG 投資の現状

1. GPIF の現状

GPIF は 2015 年 9 月に UN-PRI 署名を表明した後，様々な施策を講じている。まず運用面では，2017 年 7 月に GPIF は国内株式を対象とした指数を採用し，パッシブ運用を開始した。具体的には，総合型指数の FTSE Blossom Japan index と MSCI ジャパン ESG セレクト・リーダー指数に加え，社会要因に属するテーマ指数「MSCI 日本株女性活躍指数（WIN）」を採用し，3 つの

---

2) 生命保険協会のウェブサイト「資産運用状況」（http://www.seiho.or.jp/data/statistics/trend/pdf/24-28.pdf　検索日 2018 年 10 月 20 日）による。

指数に連動したパッシブ運用を開始した。当初，GPIFが保有する国内株式の3％に相当する1兆円規模でスタートし，2017年度末には1.5兆円となった[3]。

さらに，GPIFは，2018年9月25日にグローバル環境株式指数を選定し，同指数に基づく国内株式と外国株式によるパッシブ運用を1.2兆円で行うと公表した。環境指数は，国内株式ではS&P/JPXカーボン・エフィシェント指数，一方，外国株式ではS&Pグローバル大中型株カーボン・エフィシェント指数（除く日本）が採用された[4]。

株主行動については，指数採用発表1か月前の2017年6月1月に，「スチュワードシップ原則」と「議決権行使原則」を定め，アセット・マネジャーに株主行動の指針を示しつつ，エンゲージメントと投票行動の結果についての説明を求めるようになった。以前は中立性を理由に，議決権行使をアセット・マネジャーの裁量に任せていた状況と比較すれば，大きな進歩といえよう。また，これらの原則は，SSコード（2017年5月29日改定）原則1，指針1-3および1-4に沿ったものといえよう。

現在，GPIFはESG投資の対象を，国内株式と外国株式の一部に限定している。しかし，GPIFの投資原則（2017年10月一部改訂）に「スチュワードシップ責任を果たすような様々な活動（ESG（環境・社会・ガバナンス）を考慮した取組みを含む）を通じて被保険者のために中長期的な投資収益の拡大を図る」と記されている。この補足説明として，GPIFはESG投資のサイトで，「株式にとどまらず，債券など全ての資産でESGの要素を考慮した投資を進めていきます」と明記している[5]。この補足説明は，GPIFがUN-PRIに署名した責任を明確に示すものとして注目したい。

---

3) GPIFの平成29年度「ESG活動報告書」(https://www.gpif.go.jp/investment/esg/20180813.html 検索日2018年10月20日）による。
4) 前掲書に同じ。
5) GPIFのウェブサイト（https://www.gpif.go.jp/investment/esg/ 検索日2017年10月20日）による。

2. 共済年金
(1) 共済組合の概観

わが国にはアセット・オーナーである共済組合が相当数存在する。それぞれ異なる設立根拠法と監督官庁をもっている。表5-4に運用資産規模の大きい上位6機関についてまとめた。Willis Towers Watsonの調査によれば、これら6つの共済組合はいずれも運用資産規模で世界300位以内に入る[6]。それだけに、共済組合のESG投資への積極的な取組みは、ESG投資市場拡大と健全なインベストメントチェーン構築に貢献することが期待される。

各共済組合は、保有資産のうち、債券の一部をインハウスで運用している。しかし、保有資産の大半は外部のアセット・マネジャーに運用を委託してい

表5-4 主な共済組合の運用実績（平成29年度）

（運用資産単位：10億円）

名称	運用資産 総額	運用資産 国内株式	WTW順位（注1）	UN-PRI署名	SSコード署名	エンゲージメント件数（注2）
地方公務員共済組合連合会	22,950	6,279	12	無	済	10,732
全国市町村職員共済組合連合会	11,891	2,911	28	無	済	－
国家公務員共済組合連合会	7,903	1,514	45	無	済	－
公立学校共済組合	5,000	1,075	94	無	済	9,845
日本私立学校振興・共済事業団	3,114	706	109	無	済	－
警察共済組合	3,026	650	166	無	済	2,079

注1：WTIはWills Towers & WatsonのPensions & Investments / Thinking Ahead Institute world 300, year end 2017の略。
注2：エンゲージメント件数は平成28年度の調査結果である。
出所：各共済組合の平成29年度運用報告書をもとに作成。

---

[6] Willis Towers Watson の The world's largest pension funds year ended 2017（https://www.thinkingaheadinstitute.org/en/Library/Public/Research-and-Ideas/2018/09/P_I_300_2018_research_paper 検索日2018年10月20日）による。

る。株主行動については，GPIF と同様に基本方針を示し実施状況の報告を受けている。

6つの共済組合は，UN-PRI に署名はしていないものの，SS コードには署名しており，スチュワードシップ責任を果たす方針を明示している。

各共済組合の平成29年度運用報告書には，議決権行使の状況について記載がある。一方，エンゲージメントについては，表5-4が示すように3つの共済組合が平成28年度に実施した調査件数を報告している。これらの調査においては，エンゲージメントの件数が非常に多いことが注目される。地方公務員共済組合連合会（以下，地共連）と公共学校共済組合のエンゲージメント件数は1万件前後である。6つの共済のなかでは運用資産が最も小さい警察共済組合でも，委託先のアセット・マネジャーが企業経営者と2079件も対話を行っている。2017年9月末時点の東証1部の上場企業が2107社であることを考えると，その件数は非常に多いといえよう。

(2) 地方公務員共済組合連合会

前節では，主な共済組合について概観した。そのなかで最も運用資産の規模が大きく，GPIF が UN-PRI 署名を表明する前から，社会的責任投資に取り組んできた地共連の ESG 投資について現状を把握したい。

地共連の平成29年度運用報告書によれば，平成22年度から ESG ファンドへの投資を開始している。2018年3月末時点で，ESG ファンドは4本あり，その時価総額は555億円で，地共連が保有する国内株式残高の2％に相当する。また，既存のアクティブファンドのうち約9割が運用プロセスにおいて ESG 要因を考慮しており，主に銘柄選択の判断材料の一部として補助的に活用している。4本の ESG ファンドのうち，3本がインテグレーション，1本がエンゲージメントのファンドである。

地共連は，SS コードに署名しているものの，UN-PRI には署名はしていない。しかし，筆者がみるかぎり，本章で取り上げたアセット・オーナーのなかで，地共連は UN-PRI の精神を最も忠実に実践しているようにみえる。

運用スタイルについても，パッシブではなくアクティブ運用でESG投資を推進している点を注目したい。地共連はインハウスでアクティブ運用は行っていない。しかし，外部委託であってもアクティブ運用を継続し検証を続けており，地共連はESG投資のノウハウを着実に蓄積していると考える。

欧米のESG投資には100年の歴史と投資哲学がある。一方，わが国のESG投資は，GPIFのUN-PRI署名表明から3年，1999年のSRIファンド第1号登場から数えても19年である。このギャップを埋めるには，地共連のように，絶えずアクティブ運用でESG投資を実践し検証することが不可欠であると考える。

3. 企業年金連合会

企業年金連合会（以下，連合会）は厚生年金保険法に基づく厚生年金基金の連合体である。業務としては，厚生年金基金や確定給付企業年金の中途脱退者等に対し一元的に年金給付を行っている。また，保有資産の運用を行っている。その他の業務として，内外の企業年金に関係する調査研究，関係各方面に提言，要望を行っている。会員である企業年金基金に対し，各種情報の提供，相談，助言および役職員の研修などの支援事業を行っている[7]。

なお，わが国の企業年金基金全体の年金資産（連合会を含む）は2017年3月末で約79兆円である。このような企業年金基金を傘下にもつ連合会の果たす役割と責任は大きいといえよう。

連合会の運用資産は，2017年3月末時点で11兆8千553億円である。前出のWillis Towers Watsonの調査では，世界で29位の規模になる。また，連合会は，GPIFあるいは共済組合とは異なり，国内債券のほかに国内株式と外国債券（含むエマージング債券）もインハウスで運用を行っている。ただし，インハウス運用については，コストの低いパッシブ運用に限定している。

---

[7] 連合会のウェブサイト（https://www.pfa.or.jp/gaiyo/shokai/shokai01.html 検索日2018年10月20日）による。

インハウスで運用する資産の総額は5兆1千94億円で，連合会の年金資産全体の43.1％を占める[8]。

ESG投資に関する説明は，連合会の資産運用に関する報告では見当たらない。しかし，連合会は2016年5月13日にUN-PRIに署名を行っており，責任投資を推進する責任がある。また，SSコードにも署名をしている。

具体的なスチュワードシップ活動としては，株主議決権行使基準で具体的な基準を示し，委託先のアセット・マネジャーおよびインハウス・マネジャーに対する指針を示している。この基準は，取締役選任，監査役選任，役員報酬など9項目にわたる具体的な内容となっている。たとえば，取締役選任の基準では，ROEが長期にわたる低迷，過去3期連続赤字決算かつ無配，過去5期通算で決算がマイナスなど，明らかに企業価値を毀損している場合は，取締役の再選任は肯定的な判断はできないとしている[9]。

一方，連合会の運用報告書などをみるかぎり，UN-PRIの責任投資の手法であるインテグレーションに関する報告は見当たらない。その一方で，エンゲージメントについては，英国のスチュワードシップサービス会社Hermes EOSと契約している。連合会は，グローバルに事業を展開している大手日本企業との対話については，Hermes EOSに委託している[10]。

また，連合会は，改正SSコード指針4-4に沿った，一般社団法人機関投資家協働対話フォーラム[11]（以下，協働対話フォーラム）に参加し，他の機関投資家と集団的エンゲージメントに取り組みはじめた。

---

8) 連合会「2017年度（平成29年度）年金資産運用状況」(https://www.pfa.or.jp/activity/shisan/files/pfaunyo2017.pdf 検索日2018年10月20日）による。
9) 連合会「株主議決権行使基準」(https://www.pfa.or.jp/activity/shisan/shisan07.Html 検索日2018年10月20日）。
10) 連合会「株主議決権行使基準」(https://www.pfa.or.jp/activity/shisan/shisan07.Html 検索日2018年10月20日）。
11) 協働対話フォーラムは2017年10月に設立された。連合会のほかに三井住友アセットマネジメント，三井住友トラスト・アセットマネジメント，三菱UFJ信託銀行，りそな銀行が参加している(http://www.iicef.jp/ 検索日2019年1月6日）。

V アセット・オーナーの課題と可能性

1. インハウス・マネジャーによるアクティブ運用

　前項で，わが国の代表的なアセット・オーナーである GPIF，地共連，連合会について概観した。いずれも ESG 投資に前向きに取り組んでいるといえよう。しかし，CalPERS やスウェーデンの AP Fonden のように，インハウスで ESG 要因に基づく株式のアクティブ運用を行っているアセット・オーナーは見当たらない。連合会は，国内外の債券と国内株式についてはインハウスで運用しているものの，パッシブ運用に限定している。

　連合会だけではなく GPIF も UN-PRI 署名機関であるので，筆者は，GPIF はインハウス運用で，パッシブではないインテグレーションを採用したアクティブ運用による国内株式の ESG 投資を開始すべきと考える。アクティブ運用では，当然のことながら，短期的には市場平均を下回るリスクがある。しかし，そのような緊張感の高い真剣勝負の取組みが，わが国の ESG 投資の経験値を高め，長期投資における超過リターンを実現する可能性を高めると考える。本章で取り上げた 3 機関のアセット・オーナーには設立根拠法等がある。運用スタイルの変更には法改正が必要になるものの，真剣に議論すべき課題であると考える。

　また，自主運用を行う場合は，組織の整備と人材の確保・育成が必要である。GPIF の場合，2018 年 7 月 1 日現在の常勤職員数は 124 名である[12]。それに対し，CalPERS には 2016 年 6 月末時点で常勤の投資の専門家とスタッフが 375 名在籍している[13]ことから，GPIF でインハウス運用を行う場合は，

---

12) GPIF ウェブサイト（https://www.gpif.go.jp/about/organization.html　検索日 2018 年 10 月 20 日）による。
13) CalPERS for California Annual Report page 5（https://www.pacificcommunityventures.org/2017/06/19/calpers-california-2016-report/　検索日 2018 年 10 月 20 日）による。

職員の採用枠を増やし，運用の専門家を確保する必要があると考える。

　なお，GPIFがインハウス運用を拡大するためには，設立根拠法である年金積立金管理運用独立行政法人法の改正が必要である。2016年に，監督官庁である厚生労働省年金部で，GPIFによる国内株式のインハウス運用について議論された。しかし結論に至らず，同法改正案は国会に提出されなかった[14]。GPIFのインハウス運用拡大については，今後，厚生労働省内部だけではなく，わが国全体で広く議論すべきと考える。そのためには，メディアの果たす役割も大きいと考える。

2. エンゲージメントおよび議決権行使

　エンゲージメントと議決権行使について，GPIFと地共連は，アセット・マネジャーに対し基本方針を示し，その結果についての報告を受けている。しかし，実際はアセット・マネジャーの裁量が大きいと推測する。GPIFの「スチュワードシップ原則」と「議決権行使原則」がまさに原則であるので抽象的であるのはやむを得ない。しかし，連合会の株主議決権行使基準のように具体的な基準を委託先に示すべきと考える。

　エンゲージメントに関しては，表5-4が示すように，共済組合の取組み件数の多さは理解に苦しむ。本来，エンゲージメントは，投資家がESG要因に問題がある特定の企業との対話により，ESG要因の改善を図るものである。そのために，ESG投資家は，投資先企業のESG要因の分析，企業側の問題認識，企業へのESG要因改善案提示，その実施後のモニタリングなど，エンゲージメントには多くの時間，手間，根気を要する。

　そのような手間を考えると，地共連と公立学校共済組合の委託先を通じて行ったエンゲージメントの件数が東証1部企業数の4倍から5倍というのは理解に苦しむ。これらの共済組合によるエンゲージメントは，むしろ，実態

---

14) GPIF第102回運用委員会，資料2による（https://www.gpif.go.jp/info/activity/pdf/jikohyouka_h29.pdf　検索日2019年1月6日）。

調査に近いものかもしれない。しかし，本来のエンゲージメントを目的としていたのであれば，その効果は疑問である。共済組合の複数の委託先から繰り返し対話を求められる企業側の負担は非常に大きいであろう。また，これでは，アセット・マネジャーが呼び掛けるESG要因の改善について，企業が腰を据えて対話をすることは難しいであろう。

この問題を解決するために，連合会が契約しているHermes EOSのように議決権行使やエンゲージメントのスチュワードシップ・アドバイザーを活用することも1つの解決策と考える。UN-PRIのウェブサイトでは，アセット・オーナーが議決権行使やエンゲージメントのスチュワードシップ・アドバイザーを活用した事例を紹介している。アイスランドのアセット・オーナーNational Pensions Reserve Fundは議決権行使やエンゲージメントを内部で行うには多大なリソースと専任のチームが必要であることがわかり，かつ内部で対応できないと判断し，アウトソースを選択したことが記されている[15]。

現段階で，わが国のアセット・オーナーが，スチュワードシップ・アドバイザーを採用することは有効な選択肢であると考える。また，アセット・マネジャーに対し明確な方針と指示が可能となり，スチュワードシップ責任の適切な遂行が可能となろう。

また，GPIF，共済組合，連合会がHermes EOSのようなスチュワードシップ・アドバイザーと共同で契約すれば，これらのアセット・オーナーによる集団的エンゲージメントが容易になるのではないか。あるいは，複数の共済組合がスチュワードシップ・アドバイザーと契約しても集団的エンゲージメントの道が開かれると考える。

3. 企業年金基金のESG投資推進

最後に，連合会傘下の企業年金基金におけるESG投資推進の施策を述べた

---

[15] 「資産保有者がESG要因を運用会社の選定，指定，モニタリングに取り入れるためのガイダンス」page15（https://www.unpri.org/download?ac＝2955　検索日2018年10月20日）。

い。参考になるのが，2000年の改正英国年金法である。同法にならい，企業年金基金がESG要因の考慮を組み入れているか否かを，運用方針と運用報告書に明記させることを提案したい。

同時に，連合会が傘下の企業年金基金にESG投資を促進するための助言と指導の権限をもつことを提案したい。井口（2016）は，英国年金協会（PLSA）の年金基金に対するESG投資の啓蒙活動を紹介している，わが国ではその役割を連合会に期待したい。

単純な比較はできないものの，米国カリフォルニア州のCalPERSやスウェーデンのAP Fondenのような資産規模の大きい海外の公的年金基金のなかには，自主運用と外部委託を使い分けアクティブ運用によるESG投資を推進しているケースがみられる。また，主体的にエンゲージメントと議決権行使を行っている年金基金は少なくない。また，集団的エンゲージメントに取り組む公的年金基金もみられる。このような姿を目指すのであれば，本章で指摘した課題を含め，改善のための取組みを進める必要があると考える。

VI おわりに

2014年から2015年に掛けて伊藤レポート，日本版SSコード，CGコードが発表された。さらに，2015年9月のGPIFによるPRI署名の表明を契機に，わが国の資産運用業界はESG投資に向けて大きく舵を切ったようにみえる。しかし，わが国におけるESG投資はようやくスタートした段階であり，本章で指摘したように克服すべき課題は多い。

健全なインベストメント・チェーン構築に向けての動きは，官公庁の熱意と努力によるもので，その功績は大きいと考える。次の段階は，企業の持続的成長と長期投資による超過リターンの実現という目標にむけて，官民が総力をあげてESG投資に取り組むべきであると考える。そのなかでも，特にアセット・オーナーの役割は大きいと考える。

アセット・オーナーはアセット・マネジャーとともに，ESG投資により，

国民から預かった年金資産を如何に増やすかを常に考え，本章で指摘した様々な課題の解決に取り組むべきである。そして，ESG投資の精度をあげることが受託者としての責任であり，プロフェッショナルとしての心意気であると考える。

[**参考文献**]

井口譲二. 2018.『財務・非財務情報の実効的な開示―ESG投資に対応した企業報告―』商事法務.

小方信幸. 2016.『社会的責任投資の投資哲学とパフォーマンス―ESG投資の本質を歴史からたどる―』同文舘出版.

北川哲雄. 2017.『ガバナンス改革の新たなロードマップ―2つのコードの高度化による企業価値向上の実現―』東洋経済新報社.

Sparkes, R. 2002. *Socially Responsible Investment : A Global Revolution*. John Wiley & Sons.

column 5 　企業開示情報のみに基づくESG評価は企業の真の姿をどこまで正確に捉えているか？

　今日，上場企業は「ESG評価」によって横比較され，取捨選択される時代となった。ESG評価を専門に手掛ける第三者機関（ESG評価機関）のなかには，百名を超えるESGアナリストを擁し，世界の主だった上場企業を対象にESG評価を行うところもある。そして，ESG評価の結果は，アセットオーナーやインデックスプロバイダー，運用機関等に幅広く提供され，巨額の投資マネーを動かしている。

　外部から高いESG評価を獲得することが企業のCSR部門やIR部門の至上命題となっている企業も少なくないと聞く。いまやESG評価は，多くの企業関係者の日々の業務に深く関係しているのだ。

　ESG評価の結果は学術研究の進展にも関係している。とくに，ESGを考慮した経営が，企業にとってコスト要因なのか，はたまた企業パフォーマンスの向上に資するのか，という問いは繰り返し議論されてきた。研究者の多くは，ESG評価の結果を説明変数に用いて，この問いに実証的に答えを出そうと試みてきた。

　このように，実務家のみならず研究者にも広く利用されているESG評価であるが，筆者にはかねてから1つの疑問があった。それは，ESG評価自体が，そもそも企業の本当の実力（実態）をどこまで正確に反映しているのだろうか，という問いである。とくに，昨今のESG評価は，企業が公に開示する情報（企業開示情報）のみに基づいて評価が下されているものが少なくない。その際，企業開示情報は果たしてどこまで企業の真実の姿（実態）を映し出しているのか。

　この問いに対し，定量的（統計的）に答えを出すのは容易ではない。なぜなら，企業の真に正確な実態は結局のところ内部の人間にしかわからないからである。もちろん，被評価対象企業の内部関係者であれば，企業に対する評

価と実態を比べることができるだろう。しかし，それはあくまでサンプル数＝１に基づく分析であり，必ずしも一般化できるとは限らない。

そこで筆者はまったく別のアプローチでこの問いに挑んだ。具体的には，コンピュータを用いて仮想的にESG評価のプロセスを再現し，考察を行った。もちろん，あくまでシミュレーションにすぎず，現実の世界がどうなっているのかについては想像の域を出ないが，新たな切り口から重要な示唆を得ることができたと考えている。

1 企業開示情報のみに基づき行われるESG評価が抱える課題：「情報量影響」と「印象操作影響」

筆者は，企業開示情報に基づくESG評価は，本質的に２種類の課題を抱えていると考えている。いずれも「評価結果」と「実態（＝実力）」の乖離を招くおそれのある課題である。

第１の課題を「情報量影響」とよんでいる。企業開示情報のみに基づくESG評価は，評価に必要な情報が開示されていなければ，実力はどうであれ評価には加味されないことになる。実力は同程度であったとしても，開示している情報の量に差があれば，評価結果にも差がついてしまう可能性は否定できない。

第２の課題を「印象操作影響」とよんでいる。これは，企業が開示する情報を巧みに工夫することによって，実力より過大評価されるように仕向けることによる影響を意味している。具体的には，企業が情報を開示する際，望ましい情報を強調したり，都合の悪い情報をあいまいに表現したり，あるいは開示する情報を取捨選択するなどが考えられる。たとえ実態が同じであっても，プレゼンテーションの仕方で受け手の評価が異なる可能性がある。こうした現象は，学術研究の世界では「印象操作」とよばれており，様々な研究が行われている。

もちろん，評価する側が印象操作を完全に見破ることができるならESG評価の結果は何ら影響を受けないことになる。しかし，企業開示情報のみに基

づく ESG 評価において，果たしてどこまで印象操作の影響を排除することできるのかについては疑問が残るところである。

2 シミュレーションの結果

シミュレーションでは，ESG 評価のプロセスをコンピュータを用いて仮想的に再現し，情報量影響・印象操作影響が作用した場合の評価結果と，実力をそのまま反映した場合の評価結果がどの程度異なるのかについて分析を行った。

スペースの都合上，分析結果のすべてをここで紹介することはできないが，たとえば同程度の情報量影響と印象操作影響が存在するとした場合の 500 社の ESG スコアの分布，および ESG スコアの順位の比較を示したのが右図である。実態ベースの ESG スコアの分布に対して，情報量影響と印象操作影響を受けた開示情報ベースの ESG スコアの分布の裾野が両サイドに広がっていることがわかる。実態と比べて過大評価や過小評価が生じているのである。このとき，たとえば 500 社のなかから評価の高い 100 社を選んだとすると，その正解率は 49％にとどまっている。2 社に 1 社程度は，実態ベースでは選ばれるはずのない企業が選ばれてしまったことを意味している。

3 シミュレーションから得られた示唆

シミュレーションの結果は，企業開示情報のみに基づく ESG 評価において情報量影響や印象操作影響が無視できない可能性を示唆している。ESG 評価の結果が多くの関係者の日々の業務に関係し，実際に巨額の投資マネーを動かしていることに鑑みれば，十分な留意が必要といえる。

もちろん，企業開示情報のみに基づく ESG 評価も貴重な情報である。たとえば，企業経営の透明性の指標として活用することなどが考えられよう。

ESG 評価の結果を活用する投資家や，評価を受ける側の企業にとって重要なのは，企業開示情報のみに基づく ESG 評価の特性をしっかりと認識することである。特性を認識したうえでうまく活用しようとする姿勢が重要と

図 500社の実態ベースと開示情報ベースのESGスコア分布の比較

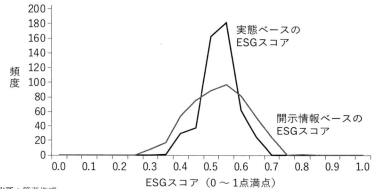

出所：筆者作成。

図 実態ベースと開示情報ベースのESGスコアの順位の比較

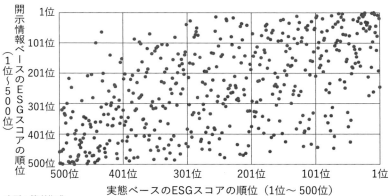

出所：筆者作成。

いえる。

[**参考文献**]

林寿和. 2018.「開示情報量と企業による印象操作がESG評価に及ぼす影響についての一考察：シミュレーションモデルを用いて」『日本経営倫理学会誌』25：111-127.

第Ⅲ編

長期的な企業価値向上への取組み
―コーポレートガバナンス―

長期的な企業価値への取組みとして，ESGのうちG（ガバナンス）の側面に着目している。第6章は日本人にとって馴染みがなく，様々な軋轢を産んでいるソフトローについて，マレーシアの事例を引いてその本質を抉り出している。第7章は日本企業における取締役会評価の現状と英国に比べやや異質な発展を遂げてきていることにともなう問題点を浮き彫りにしている。

掲載 column
「質的研究のススメ」
「Triple Bottom Line ＋ガバナンス(TBL＋G)の意義
　―Novo Nordiskの事例」

第 6 章

ソフトローとしての
コーポレートガバナンス・コード
―マレーシアの事例を中心にして―

I はじめに

　マレーシアでは，2017年4月にコーポレートガバナンス・コード（Malaysian Code on Corporate Governance：改訂版 MCCG）が改訂された[1]。マレーシアにおけるコーポレートガバナンス・コード（以下，CG コード）は，2000年3月にコーポレートガバナンスに関する財務委員会から初版が公表され，その後，2007年，2012年の改訂を経て今般の改訂に至っている。これにともない，会社法およびマレーシア証券取引所の上場規則が改正された。

　2017年の改訂は，主に以下の3点にまとめることができる。(1) 従来の"Comply or Explain（遵守かあるいは説明か）"というアプローチから，"Apply or Explain Alternative（適用かあるいは説明か，いずれかを選択）"という新たなアプローチに変更されたこと，(2) 改訂版 MCCG に示す原則およびベストプラクティスを採用しない場合，どのような代替的な方法を採用したのか，ま

---

[1] 2017年の改訂では，主として，取締役会の機能を強化するための改訂がなされた。取締役会の独立性について，①取締役会の半数以上（大会社の場合は過半数）の取締役は独立取締役で構成されること。②独立取締役の任期は，大会社においては，原則として9年を超えてはならないが，年次株主総会の承認を得た場合には最長12年まで認められること。その後の選任方法については，2段階の投票過程を設定すべきとしている。第1段階は支配株主（議決権の33％超を保有する支配株主）による選任，第2段階は支配株主以外の株主による選任という新たな方法によること。③取締役会の多様性の確保，すなわち，大会社は取締役会の30％以上を女性で構成すること。④取締役報酬の開示，である（SC 2017, 12-33）。

た代替的方法を採用しない場合，いつまでにどのような方法を採用するか期限の明示が求められたこと，(3) 区分アプローチという新たな手法が導入され，大会社に区分される企業に適用されること，である。また，今般の改訂では，企業のコーポレートガバナンスの質を向上させるための考え方，すなわち Comprehend（理解），Apply（適用）and Report（報告）の頭文字をとって"CARE"とよばれるものが示された点が特徴といえよう（Securities Commission 2017）。

今般の改訂でとくに注目すべきは，"Comply or Explain"から"Apply or Explain Alternative"というアプローチへ変更した点である。この変更に至った背景を検討することは，マレーシア企業のコーポレートガバナンスの状況，とりわけ CG コードの適用がどのように行われていたかという点を理解するうえで有用であると考える。

そこで，本章では，改訂版 MCCG を逐条的に検討するのではなく，マレーシアの資本市場を管理・統括する公的機関である証券委員会（Securities Commission：SC）が公表した報告書を手がかりに改訂に至った背景を検討することにしたい。

II ソフトローの定義と検討のための基本的視点

CG コードは，一般的に，ソフトローとして導入している国が多い。ここでソフトローとは，正当な立法権限に基づいて創設された規範ではなく，原則として，法的拘束力はないが，当事者である企業の行動や実践に大きな影響を与える規範である，と考えられている（神作 2016, 9）。この意味で，CG コードは，法的拘束力をもつとされるハードローとは明確に区別される。ソフトローとしての CG コードは，それが果たす機能面に着目すれば，社会における企業のコーポレートガバナンス実務に関する統合機能を果たすための1つの社会規範であり，その社会におけるコーポレートガバナンスに関する秩序の形成を目指して策定されていると考えられる。

それでは，CG コードは，どのような視点から研究されてきたのだろうか。神田（2004）はソフトロー（あるいは倫理や社会規範）を多様な角度から研究対象とすることが可能であるとし，以下の 4 つの視点をあげている。(1) その規範の策定主体は誰か，またその規範の策定経緯や改訂等が行われる理由や背景に関する視点，(2) 企業は，どのような場合にその規範に従うのか，また従わないのかという視点，(3) 企業が規範に従わないような場合のサンクションに関する視点，(4) そのようなソフトローとしての規範は，ハードローとしての法規範とどのような関係にあるのか，ハードローを補完するものか，ハードローを変えるものか等々に関する視点である。

 ここで示された 4 つの視点は，ソフトローとしての CG コードが社会において統合機能を果たすために必要な視点と考えられる。たとえば，どのような場合にその規範に従うのか，また従わないのかという視点は，どのような場合に CG コードが適用されるかあるいは適用されないか，に言い換えることができる。CG コードが適切に適用されるためには，コードそのものが正当なものであること，すなわちガバナンス実務に携わる人々を納得させる正しさを備えていなければならない（藤田 1972, 13）。この意味で，ソフトローとしての CG コードの正しさあるいは正当性とコードの適用というそれぞれの視点は密接に関連していることがわかる。一方，CG コードの適用が適切になされない場合，サンクションがどのように課されるのかという問題になるが，サンクションが有効に機能するためには，その社会におけるソフトローとハードローとの役割分担あるいは管轄が制度上明確化されていなければならない。このように，上記の視点は，それぞれが互いに関連し合い社会におけるソフトローとしての統合機能を果たすことになる。

 本章では，マレーシアのソフトローとしての CG コードの検討を目的としているが，上記視点のうちの（1）から（4）のすべてを対象とするのではなく，とくに（2）に焦点をあてて検討していきたい。その理由は，（2）のコードの適用が企業のガバナンス実務そのものにほかならないと考えるからである。すなわち，CG コードを「適用」するということは，適用する CG コード

の意味，企業のおかれた特定の状況の意味，それを適用した場合の結果の意味を十分に検討することであり，これはコードの「解釈」を意味する（藤田 1986, 124）。CG コードが「適用」されるためには，その前提として CG コードの「解釈」が正しく行われなければならない。

III コーポレートガバナンス・コードの策定主体と策定経緯

1.「上からの規範」としてのコーポレートガバナンス・コード

マレーシアが CG コードを策定する端緒となったのは，1997 年のアジア通貨危機であった。同国政府は，アジア通貨危機から脱却するため，1998 年 8 月，国家経済行動評議会（National Economic Action Council）を設置し『国家経済再生計画（National Economic Recovery Plan）』（Prime Minister's Dept. 1998）を公表した。同計画では，経済再建にむけた 6 つの戦略計画を国民に提示し，アジア通貨危機を「信用の危機」として位置付け，経済成長最優先の政策を大幅に転換した。なかでも上場企業のコーポレートガバナンス改革が資本市場改革の優先課題の 1 つに位置付けられたのである。

これを受けて，1998 年 3 月，財務省主導のもと，「コーポレートガバナンスに関するハイレベル財務委員会」が招集され，CG コード策定に向けた作業が開始され，1999 年 2 月，『コーポレートガバナンス報告書』が公表された（Finance Committee 1999）。これはマレーシアでコーポレートガバナンスに関する原則およびベストプラクティスに関して体系的にまとめられた最初の報告書である。その後，2000 年 3 月，SC は初版『マレーシアコーポレートガバナンス・コード』（SC 2000）（初版 MCCG）を公表した。初版 MCCG は，2001 年 1 月，当時のクアラルンプール証券取引所の上場規則に導入され（Kang 2003），自主規制の一環として位置づけられた。このように，初版 MCCG は，アジア通貨危機からの脱却を目指して国家がトップダウンで作成した「上からの規範」である。

2. 初版MCCGの基本的な考え方

　マレーシアは，旧宗主国である英国から法制度をはじめ様々な制度を継受してきた。初版 MCCG も例外ではなく，1998 年 6 月に公表された英国のハンペル委員会報告書の考え方およびアプローチをほぼ全面的に採用している。その主なポイントは以下の通りである（初版 MCCG 2000, 3-5）。

　(1) 初版 MCCG では，コーポレートガバナンスの役割を長期的な株主価値の向上に資するため，企業の繁栄とアカウンタビリティーの双方に貢献するところにあるというハンペル委員会報告書の基本的な考え方を受け入れている。この考え方は，改訂版 MCCG においても受け継がれている。

　(2) 初版 MCCG では，詳細な規程をおくのではなく，原則主義の考え方に基づきコーポレートガバナンスに関する諸原則を提示し，それをどのように現実のガバナンス実務に適用するかという点について企業の判断に委ねている。初版 MCCG では，ハンペル委員会報告書の「…規程は，一組の規範的な規則とみなされてきていると企業が考える場合が多い。株主あるいはそのアドバイザーは，規則の条項が遵守されているかどうか—遵守状況がイエスかノーか—ということのみに関心をもつであろう」(SC 2000, 3) という部分を引用し，規程を形式的に満たすこと (box ticking) に大きな関心がむけられるのではなく，各企業が主体的に最も望ましいガバナンスの在り方を深く考え現実の実務にどのように適用するかが重要であるとしている。

　(3) 初版 MCCG では，ここで示されている原則およびベストプラクティスがすべての企業に適合するわけではないという立場から，CG コードを遵守しない場合には，その理由をアニュアルレポートで説明し，その評価は投資家や市場の判断に委ねるとしている。

　このような英国流の CG コードが，当時のマレーシアの企業社会にどのように受け入れられていったのかは，以下で検討する SC の報告書から明らかになるであろう。

Ⅳ マレーシア企業における
コーポレートガバナンスの問題点

1. 実質よりも形式を優先するガバナンス実務

　マレーシアは，政府の綿密な経済計画に基づいて国家を運営してきた。マレーシア首相府・経済計画ユニットによる『第10次マレーシア計画』（2011-2015年）では，この期間を2020年に先進国入りするという目標達成に向けて経済を転換させる重要な時期として位置付けており，高所得，包括性，サステナビリティをスローガンに民間投資の活性化を促し，付加価値の高い産業分野への投資を拡大して経済の高度化を図るとしている。同計画では，民間投資を拡大するため資本市場の規律を正し公正な取引が実現するよう制度整備を実施するとしている。その一環として，企業のコーポレートガバナンス実務の改善が市場の信頼を高め民間投資を活性化させる重要な要素と位置付けていた（Prime Minister's Department 2010）。

　同計画を受けて，SCは，2011年4月，国内資本市場の整備・拡大を目的とした10か年計画である『第2次資本市場マスタープラン』（SC 2011a）（以下，第2次マスタープラン）を公表した。第2次マスタープランの第4章「投資家保護と安定化のためのガバナンス戦略」には，4.5「コーポレートガバナンスの強化」という項目があり，4.5.1の「コーポレートガバナンスで中心的な役割を果たすべき取締役会」では，企業のコーポレートガバナンス実務を次のように指摘している。多くの公開企業はCGコードを実質的というよりも形式的に遵守する傾向にあることが明らかになったとし，確固たるコーポレートガバナンス・システムの構築に向けて取締役会の果たす役割がきわめて重要であると指摘している（SC 2011, 79）。

　第2次マスタープランでは，2009年にSCが実施した公開企業の取締役会を対象とした調査結果が示されている。詳細なデータは示されていないが，その結果を要約すると次のとおりである。(1) 取締役会における独立取締役

が互いに血縁関係にある企業がきわめて多いこと，(2) 調査対象企業の約半数は独立取締役の任期が9年を超えており，その内の20社はその任期が30年を超えていたこと，(3) 調査対象企業の約3分の1の企業では取締役会会長とCEOの職務は分離されているが両者は互いに血縁関係にあること，(4) 調査対象企業の4分の1は，業務執行取締役が他の複数企業の業務執行取締役を兼務していたこと，の4点である（SC 2011, 80）。

このように，第2次マスタープランでは，コーポレートガバナンスで中心的な役割を担わなければならない取締役会が，その機能を十分に発揮できない状況にあることが示されており，改善のための対策を早急に講じる必要があると指摘している。

2．"Apply or Explain"アプローチの検討

第2次マスタープランの指摘を具体的な施策として実施するため，SCは企業のコーポレートガバナンスの質の向上を目指す基本計画を立案することを目的としてコーポレートガバナンス諮問委員会[2]を設置した。同委員会は，2011年7月，『コーポレートガバナンス・ブループリント』(SC 2011b)（以下，ブループリント）を公表した。ブループリントは，6章構成，その第2章には「機関投資家の役割」が設けられており，企業の情報開示の重要性と機関投資家によるチェック，とりわけ対話・エンゲージメントの重要性が強調されている。この章は，その後，マレーシア版『スチュワードシップ・コード』として公表された（MSWG and SC 2014）。

ブループリントでは，第4章「開示および透明性」において，2011年に公表されたOECDの報告書に基づいて次のように述べている。マレーシアの企

---

[2] SCが設置したコーポレートガバナンス諮問委員会はメンバーが10名，うち政府機関および職業専門家団体の代表者4名，機関投資家や公開企業連合会の代表者4名，OECDから1名，タイ取締役協会の代表者1名から構成されている。また，ブループリント作成段階の協力者には，南アフリカのコーポレートガバナンス，キング委員会委員長Mervyn King氏の名前もリストアップされていた。

業は，積極的な情報開示が透明性を高め，中長期的に企業価値を高めることにつながるという点を理解していないとして，情報開示に対するマレーシア企業の考え方または姿勢が問題であるとした。

さらに，ブループリントでは，コーポレートガバナンスの問題点として次の点をあげている。"Comply or Explain" アプローチにより説明が義務付けられているのはCGコードを遵守しなかった場合であり，企業がCGコードをどのように適用したかという点に関する説明は求められていない。企業はCGコードを単に遵守したと言明するだけで，適用に関する企業の姿勢や考え方についてはほとんど開示していないのである。今後，企業の情報開示レベルを向上させるためには，CGコードをどのように適用したかということを積極的に開示させる新たなアプローチを検討することが課題であるとした。

ブループリントでは，南アフリカのコーポレートガバナンスに関するキング報告書（キング報告書Ⅲ）を取り上げ，同国ではすでに"Comply or Explain" アプローチから，"Apply or Explain" アプローチに変更したことを紹介している。特に重要なことは，このアプローチがCGコードをどのようにガバナンス実務に適用するかという点について深い考察や慎重な検討を求めていることである。これによって，CGコードを適用する場合，あるいは適用せず他の方法を適用する場合でもアニュアルレポートにおいて十分な説明が必要となり，その適用は形式的ではなく実質的であることが求められているのである。

このように，SCから公表された2つの報告書では，マレーシアの企業が"Comply or Explain" アプローチの基本的な考え方や情報開示の必要性について十分理解していないことから，CGコードの形式的な適用により，企業から投資家に対して有用なガバナンス情報が発信されていないことが，マレーシア企業におけるコーポレートガバナンスに関する問題点であると指摘している[3]。

V "Apply or Explain Alternative" アプローチの導入

1. 新たなCGコードの構成

　2012年版MCCGは，8つの原則と26の勧告から構成されていた。これに対して，改訂版MCCGは，企業のCGコードの理解促進を目的として，コードの構成が変更された。原則（Principles）は大幅に集約され3原則である（Ⅰ取締役会のリーダーシップと有効性，Ⅱ効果的な監査とリスクマネジメント，Ⅲ企業報告における統合とステークホルダーとの良好な関係）。この原則に則してプラクティスをガバナンス実務に適用した場合の到達目標を示した12の意図される結果（Intended Outcomes），具体的な32のプラクティス（Practices），各プラクティスを理解し適用するための指針（Guidance），さらに少数ではあるがプラクティスを強化し発展させるためのセットアップ（Set up Practices），から構成されている（SC 2017, 10-11）。

　大企業は32のプラクティスすべてについて，マレーシア証券取引所の用意したテンプレートに基づき，適用の有無，適用している場合はどのように適用したのかを説明し，適用していない場合はその理由を明らかにする。代替的な方法を採用している場合にはその経緯を明らかにし，代替的な方法を採用していない場合にはいつまでにどのような方法を採用するのか期限を明示することが求められている。

　また，改訂版MCCGの適用対象は，原則として，大企業に適用される。大企業とは，FTSEマレーシア証券取引所におけるトップ100インデックスにある企業あるいは株式時価総額が20億リンギット（560億円）以上の企業で

---

3) Nam and Nam（2004）では，アジア諸国，とりわけ調査対象であるインドネシア，韓国，マレーシアおよびタイにおけるコーポレートガバナンス実務で，CGコードを実質的にではなく形式的に適用している点が問題であるとしてすでに報告されている。

ある。

2. CGコード適用のための思考プロセス

　改訂版 MCCG では，CG コードのより深い理解を促す新たな考え方を Comprehend, Apply and Report の頭文字をとって "CARE" と名付けた。"CARE" は，企業が CG コードに示されたプラクティスをどのように適用するかという，適用の際の "思考プロセス" を示したものである。その思考プロセスは3つに区分されている。① Comprehend（理解）は，単なる解釈ではなく，原則やプラクティスの精神や意図を深く理解することである。② Apply（適用）は，原則で示された複数のプラクティスを意図される結果に到達するよう "実質的" に適用することを求めている。③ Report（報告）は，コーポレートガバナンスに関する公正で意味のある開示を行うことである（SC 2017, 4）。

　さらに② Apply（適用）については，CG コードの形式的（in form）ではなく実質的（in substance）な適用を要請している。すなわち，形式的な box ticking アプローチではなく，プラクティスの意図が十分反映されるガバナンス実務に移行するため，実際に携わる人たちの思考様式や企業のカルチャーを転換する必要があるとしている。この転換を促し，CG コードを正しく適用するための手法として "Apply or Explain Alternative" アプローチを採用したと説明する（SC 2017, 8）。

　会計の領域では，古くから「形式ではなく実質優先」という判断基準については "ドクトリン" の1つとされてきた。藤田（1995）は，ドクトリンと原則の区別について，バッターの所説を引用しながら，「…doctrines は，まさにその名のとおり，『教えること』―年長者から年少者へ，教師から学生へ，一人前の職人から見習い職人へ伝えられる考えや工夫―である。また，doctrines は規範的な考え―何が最善の実践であるべきかという考え―である。それは，宗教上の教義，哲学における基本的な理念，あるいは企業の政策に似たものである。…doctrines は principles の精神を活かす方法や手続を

選択適用するさいに判断基準として役立つ規範的な基準である。…doctrines とは、規範的、倫理的、そして少し大袈裟にいえば、道徳的な色彩をもったものである」と説明し、「会計担当者は会計の諸原則を現実に適用するにあたって選択という行為は避けられない。その選択にあたって会計担当者にとるべき道を示してくれるのが doctrine に他ならない」さらに「形式よりも実質の優先は従来の会計学の文献にはみられなかった概念であるが、会計という行為が経済活動を認識の対象とし、それを適切に表現する行為であると考えれば、それを doctrine のひとつとしてあげることは当然のことといえよう」と述べている。

　会計上の形式よりも実質の優先というドクトリンが、改訂版 MCCG の形式よりも実質を重視する考え方と必ずしも同義であるとはいえない。しかし、改訂版 MCCG では、"CARE" という思考プロセスが新たに明示され、さらに Apply（適用）する際の考え方として「形式ではなく実質的」に適用することが求められている。これは、ガバナンス実務に携わる者に、何が最善のガバナンス実務であるかを考えさせ、CG コード適用の際のとるべき道を示す判断基準を示したものと考えられる。この判断基準を CG コード適用の際のドクトリンとして位置付けることは可能なのではないだろうか。改訂版 MCCG は、単に原則やプラクティスを示したものではなく、CG コードを深く理解し、それを適用するための思考プロセスと判断基準が明確に示されたという点が特徴であり、ソフトローとして CG コードの実効性を高めることを目的としている。

VI おわりに

　本章は、マレーシアにおける改訂版 MCCG をソフトロー、とりわけ CG コードの適用という視点から検討した。

　改訂版 MCCG では、"CARE" の Apply（適用）で新たな "Apply or Explain Alternative" アプローチが採用されたが、より重要なことは、"CARE" にお

いて Comprehend（理解）という用語が使用されたことであろう。コードでは，CG コードの根底にある精神や意図を深く正確に理解し自分のものとする（internalize）という意味であると説明している（SC 2018, 8）。そのうえで，大企業は新たな "Apply or Explain Alternative" アプローチにより，すべてのプラクティスをどのように Apply（適用）したかアニュアルレポートで Report（報告）することを求めているのである。

　今般の改訂は，大企業の企業価値の向上を通じてマレーシア社会が持続的に成長し 2020 年に先進国入りを果たすという国家目標を達成するための一環として実施された。この改訂では，ソフトローとしての CG コードの実効性を高めること，すなわち個々の企業のガバナンス実務が CG コードに基づいて統合されていくことで，マレーシア社会におけるコーポレートガバナンスに関する一定の社会的秩序を形成していくことが期待されているのである。

[参考文献]

碧海純一．1988．『法と社会』中公新書．
アジア太平洋州局地域政策参事官室（外務省）．2018．「目で見る ASEAN―ASEAN 敬愛統計基礎資料―」．
小野沢淳．2010．「マレーシアの新開発戦略―「新経済モデル」と「第 10 次マレーシア計画」―」『季刊　国際貿易と投資』80．
神作裕之．2016．「金商法の観点から見たコーポレートガバナンス・コード」金融商品取引法研究会『研究記録』55．
神田秀樹．2004．「企業と社会規範：日本経団連企業行動憲章や OECD 多国籍企業行動指針を例として」COE ソフトロー・ディスカッション・ペーパー・シリーズ（CASESOFTLAW-2004-15）．
林順一．2015．「英国のコーポレートガバナンス」北川哲雄編著『スチュワードシップとコーポレートガバナンス―2 つのコードが変える日本の企業・経済・社会―』東洋経済新報社．
八田進二・橋本尚共訳．2000．『英国のコーポレートガバナンス』白桃書房．
藤田幸男．1972．「会計基準と法」『会計ジャーナル』2．
藤田幸雄．1986．「会計の社会学的展開」黒澤清編『会計と社会』中央経済社．
藤田幸男．1995．「IV 会計の基本原則―「企業会計原則」の一般原則に関連させて―」『財務会計の研究』税務経理協会．
野田博．2007．「コーポレート・ガバナンスとソフトロー―規範遵守の側面を中心に―」『法社会学』66．
Ahmad, A-H. 2017. A Critical Review of Corporate Governance Reforms in Malaysia. *Journal of Government and Regulation* 6.

Chee, Y. L., E. Alfan and D. Susela. 2017. Family firms, expropriation and firm value: Evidence of the role of independent directors' tenure in Malaysia. *International Journal of Organizational Leadership*. Industrial Management Institute.

Minority Shareholders Watchdog Group (MSWG) and Securities Commission. 2014. *Malaysian Code for Institutional Investors*.

Nam, S-W. and I.C. Nam. 2004. *Corporate Governance in Asia Recent Evidence from Indonesia, Republic of Korea, Malaysia and Thailand*. Asia Development Bank Institute.

Prime Minister's Dept (PMD). 1998. *National Economic Recovery Plan*.

PMD.2010. *10th Malaysian Plan*.

Securities Commission (SC).2000. *Malaysian Code on Corporate Governance*.

SC.2007. *Malaysian Code on Corporate Governance*.

SC.2011a. *Capital Market Masterplan 2*.

SC.2011b. *Corporate Governance Blueprint 2011*.

SC.2012. *Malaysian Code on Corporate Governance*.

SC.2017. *Malaysian Code on Corporate Governance*.

SC.2018. *Corporate Governance Strategic Priorities 2017-2020*.

column 6 質的研究のススメ

　筆者はこれまで機関投資家として企業経営者との対話やコーポレートガバナンスにかかわる諸問題と実務的に関与してきたが，実務家として最近のコーポレートガバナンス研究の傾向については少々気になっていることがある。それは，学術論文ではなかなか書きづらい内容のことではあるのだが，このコラムではぜひその気になる点について取り上げてみたいと思う。

1 定量的研究への偏重

　ここに興味深いデータがある。McNulty et al.（2013）は，1986年から2011年の間に世界の主要35ジャーナルに発表されたコーポレートガバナンス分野の査読論文（1,210論文）のうち，定性的研究（質的研究）は78論文にすぎず，コーポレートガバナンス研究全体の「小さな断片」にしかすぎないと論じた。また，上記35ジャーナルのうち米国の主要ジャーナルを中心に22ジャーナルでは，四半世紀にわたって定性的研究論文の掲載がゼロであるという事実も明らかになった。

　この内容はコーポレートガバナンス分野だけの傾向ではなく，経営学全般，あるいは社会科学全般に共通の傾向であり，もはや驚くべき内容でもないのかもしれない。しかし，これから研究者を志す学生や有望な若手研究者にとって，この数字はとくに大きな意味をもつはずだ。査読付き論文としての主要ジャーナルへの掲載——これは彼らにとっては死活問題だからである。定性的研究が掲載論文全体のわずか6％にすぎず，主要ジャーナルの過半において掲載実績がないという事実を前に，定性的アプローチを志すインセンティブは減退することになろう。近年の統計学的（定量的）アプローチを重視する傾向の高まりを受けて，コーポレートガバナンス分野では事例研究等の定性的研究がますます希少な存在となるかもしれない。

2 エージェンシー理論への偏重

これまでの四半世紀にわたるコーポレートガバナンス研究の中心的な役割を果たしてきた理論は，間違いなく Jensen and Meckling（1976）が提唱したエージェンシー理論であろう（Shleifer and Vishny 1997；Dalton et al. 1998；Daily et al. 2003）。Berle and Means（1932）が「所有と経営の分離」と「所有と支配の分離」を論じて以来，所有（株主）と経営（経営者）の利害の対立，つまりエージェンシー問題をどのように克服するかが研究者の関心の中心にあった（Jensen 1986；Shleifer and Vishny 1997）。このエージェンシー理論では，経営者は株主の利益ではなく自己の利益を追及する存在として仮定されており，経営者に対する適切な監督機能やインセンティブ報酬の導入によって，いかに経営者の利己的なエージェンシー行為を抑制できるのかが，近代コーポレートガバナンス研究の中心的な命題であった。

つまり，エージェンシー理論をその論拠としながら現代コーポレートガバナンス研究は発展を遂げてきたのであり，その理論的貢献は改めて述べるまでもないだろう。しかしながら，エージェンシー理論がデファクト理論として存在しているという事実と，先ほどの定量的アプローチへの偏重という傾向は密接に関係していると思われる。

エージェンシー理論で想定される経営者像は，自己の利益の最大化を目指す機会主義的なエコノミックマンであり，株主による適切な監視やインセンティブ構造のもとでは株主価値の最大化を目指す，株主の代理人である。このように，エージェンシー理論はコーポレートガバナンスに関する理論のなかでも非常に前提が単純化された，わかりやすく，またモデル化しやすい理論である。つまり，想定される経営者像，経営者と株主の関係，2者間の共通目的としての株主価値の最大化といった前提条件は単純化されている。これがステークホルダー理論やスチュワードシップ理論といった他のコーポレートガバナンスの理論的枠組みをモデル化するとなると，エージェンシー理論のように簡単に扱うことはできない。

つまり，エージェンシー理論では，たとえば経営哲学や経営理念といった経営者の価値観が反映されておらず，経営者はあくまでも株主の代理人として株主価値の最大化を目指す存在（であるべき）として仮定されているが，これは現実の経営者の姿とは少々異なっているように思われる。少なくとも機関投資家として四半世紀にわたって経営者と対峙してきた筆者がみた実際とは異なっている点が多い。しかしながら，ここまでエージェンシー理論が幅広く学術研究の世界で支持されてきた理由のひとつに，最もモデル化しやすく，定量的研究に都合がよいからではないかと考えるのは，邪推も少々行き過ぎだということだろうか。

3 コーポレートガバナンス研究はどこに向かうべきか

では，コーポレートガバナンス研究はどこに向かうべきか。筆者は定性的研究（質的研究）の充実であると考えている。いわば逆張りの発想である。

本来は定量的研究と定性的研究は長所と短所を補完すべき関係にあり，双方からその分野の学術的発展に貢献すべきだと考えている。そのバランスが現在は大いに崩れており，定量的アプローチや実証主義的研究しか学術研究としては認められないという姿勢が一部の学者に存在していることはとても残念に思う。

定量的アプローチの問題は大きく分けて以下の2つがある。因果命題と単なる相関関係の混同（Ahrens et al. 2011；菊澤 2015）と，構成要素の不均質性（Filatotchev and Wright 2017）である。とくに，後者はコーポレートガバナンス研究固有のとりわけ重要な問題である。たとえば，取締役会の実効性の研究に際して，各企業で取締役会メンバーの専門分野や取締役間の関係性が異なり，不均質となるのは避けられない。この点に目をつぶってモデル化された定量的アプローチのみで研究を進めても，その研究成果には自ずと限界があるのではないだろうか。

定性的アプローチはこの不均質性の問題をひとつずつ検証するにはきわめて適しており，定量的アプローチがもつ課題を補完できる存在として機能す

る。エージェンシー理論にとらわれず，個別事例研究を積み重ね，これまで焦点が当たることのなかった質的研究こそが活躍できる「機会」がまだ多く残されているはずだ。このように質的研究の充実こそが，新機軸の提示や現状打破のためには一層重要になると考えている。

[**参考文献**]

菊澤研宗. 2015.『ビジネススクールでは教えてくれないドラッカー』祥伝社.

Ahrens, T., I. Filatotchev and S. Thomsen. 2011. The Research Frontier in Corporate Governance. *Journal of Management & Governance* 15 (3): 311-325.

Berle, A. A. and G. C. Means. 1932. *The Modern Corporation and Private Property*. The Macmillan Company (森杲訳. 2014.『現代株式会社と私有財産』北海道大学出版会).

Daily, C. M., D. R. Dalton and A. A. Cannella Jr. 2003. Corporate Governance: Decades of Dialogue and Data. *Academy of Management Review* 28 (3): 371-382.

Dalton, D. R., C. M. Daily, A. E. Ellstrand and J. L. Johonson. 1998. Meta-Analytic Reviews of Board Composition, Leadership Structure, and Financial Performance. *Strategic Management Journal* 19: 269-290.

Filatotchev, I. and M. Wright. 2017. Methodological Issues in Governance Research: An Editor's Perspective. *Corporate Governance: An International Review*. 25 (6): 454-460.

Jensen, M. C. and W. H. Meckling. 1976. Theory of the Firm: Managerial Behavior, Agency Costs and Ownership Structure. *Journal of Financial Economics* 3 (4): 305-360.

Jensen, M. C. 1986. Agency Costs of Free Cash Flow, Corporate Finance, and Takeovers. *The American Economic Review* 76 (2): 323-329.

McNulty, T., A. Zattoni and T. Douglas. 2013. Developing Corporate Governance Research through Qualitative Methods: A Review of Previous Studies. *Corporate Governance: An International Review* 21 (2): 183-198.

Shleifer, A. and R. W. Vishny. 1997. A Survey of Corporate Governance. *The Journal of Finance* 52 (2): 737-783.

第 7 章

日本企業における取締役会評価の現状と今後の課題

I はじめに

　2015年に施行されたコーポレートガバナンス・コードによって，日本企業の取締役会の役割・機能に対する認識は大きく変わった。従来は，取締役会の構成員のほとんどが社内取締役であり，経営を行う側とそれを監督する側がほぼ同一のメンバーによって行われていたため，取締役会の監督機能については曖昧なまま取締役会が運営されることも多かった。しかし，ガバナンス・コードにおいて，取締役会の重要な役割・機能は経営を監督することであることが明確に示されたことから，それ以降，日本企業においては，自社の取締役会において監督機能とは具体的に何を意味するのか，そして，それをいかに高めるかに関心が集まっていった。現在，多くの企業において，取締役会の役割・機能の再確認，それに基づいた最適な機関設計の検討，構成の見直し，運営の改善などに関する議論が行われている。取締役会評価は，そのような取締役会の議論を促進し，取締役会の実効性を向上するうえできわめて有効な手段として位置付けることができる。

II コーポレートガバナンス・コードと取締役会評価

　取締役会評価は，すでに欧米アジアの主要企業において，長年の間コーポレートガバナンスのベストプラクティスの1つとして実施されているもので

あるが，日本では，ガバナンス・コードによりはじめて導入された概念である。ここでは，取締役会評価がどのような経緯で日本のコードの重要な原則の1つとして加わっていったのか，その過程について説明する。

1. コーポレートガバナンス・コード策定の過程

まず，コーポレートガバナンス・コードの策定の過程をみてみよう。このコードは，英米のみならず，欧州大陸やアジア，オセアニアなどの主要国で，すでに共有されていた取締役会に関する考え方を強く意識しながらつくられたものだった。

2014年から2015年にかけての動きを振り返ってみると，まず，2014年5月に，自由民主党日本経済再生本部の「日本再生ビジョン」において，「ベストプラクティスの内容やOECD原則を踏まえたコーポレートガバナンス・コードの基本的考え方を（…中略…）まとめ（…中略…）コーポレートガバナンス・コードを来年の株主総会のシーズンに間に合うように制定する」ことが示された。それを受けて，2014年6月，日本政府「『日本再興戦略』改訂2014」が閣議決定されたが，そこには，「『コーポレートガバナンス・コード』を策定する。策定にあたっては，東京証券取引所のコーポレートガバナンスに関する既存のルール・ガイダンス等や『OECDコーポレートガバナンス原則』を踏まえ，我が国企業の実情等にも沿い，国際的にも評価が得られるものとする。」と明記されており，グローバルな主要国の間で共有されているガバナンスの考え方を反映したOECDのガバナンス原則の重要性が強調されている。

それを受け，2014年8月から2015年3月にかけ，金融庁・東証共同事務局のもとガバナンス・コード策定に関する有識者会議が開催され，コードの内容について議論された。同会議では，前述の「日本再興戦略」の方針に従い，OECDのガバナンス担当者を有識者会議のアドバイザーとし，OECDのガバナンス原則と各国のガバナンス・コードをベースにして議論を進めるというプロセスをとっている。その結果，2018年3月に発表されたコードにお

いては，その序文で，「『日本再興戦略』改訂 2014 において，コードの策定に当たっては『OECD コーポレート・ガバナンス原則』を踏まえるものとすると明記されたことを受けて，本有識者会議は同原則の内容に沿って議論を行ってきており，本コードの内容は同原則の趣旨を踏まえたものとなっている。」ことが示された。

　取締役会評価は，OECDの原則に含まれており，また，すでにOECD主要国で広く実施されていたが，日本のガバナンス・コードにおいても原則の1つとして掲げられ，これ以降日本企業に評価の実施が求められることになった。ただし，以下に説明するように，有識者会議での議論においては，取締役会評価の是非に関する議論はまったくなかったといってよい[1]。

2. コーポレートガバナンス・コードの有識者会議における取締役会評価に関する議論

　有識者会議は，2014 年 8 月 7 日に第 1 回目が開催されてから，2015 年 3 月 5 日まで計 9 回にわたって開催された。はじめて取締役会評価について事務局資料の説明で言及されたのが，2014 年 10 月 20 日の第 4 回目の会議である（金融庁・東京証券取引所 2014a, 9）。そして，11 月 25 日に開催された第 5 回目の会議では，「コーポレートガバナンス・コードの基本的な考え方に係るたたき台」としてコードの原案が提示され，そこには「取締役会は，毎年，各取締役の自己評価なども参考にしつつ，取締役会全体の実効性について分析・評価を行い，その結果の概要を開示すべきである。」との文言が記載されていた（金融庁・東京証券取引所 2014b, 17-18）。

　有識者会議では，第 5 回会議で提示されたコードの原案に取締役会評価の項目が入って以降も，評価に関する議論は一切なかった。その結果，原案の文章がそのままの内容でコードの最終案に記載されることとなった。おそらく，有識者会議のメンバーにおいて取締役会評価に対する十分な理解が必ず

---

[1] 有識者会議の議論の内容については，高山（2017）も参照のこと。

しもなかったこと，また，社外取締役の人数や監査役の在り方など，その他の重要な事項の議論に多くの時間を費やす必要があったことが，背景にあったと思われる。こうして，取締役会評価は，国外で一般的なガバナンスのプラクティスが，何の反対や異論もなく日本に導入された数少ない例となった。

3. 改訂コーポレートガバナンス・コードにおける取締役会評価

2015年8月，ガバナンス・コード，スチュワードシップ・コードの普及・定着状況をフォローアップし必要な施策を議論・提言するため，金融庁・東京証券取引所においてスチュワードシップ・コードおよびコーポレートガバナンス・コードのフォローアップ会議が開催され，現在に至っている。同会議においては，コード制定以降の取締役会評価に対する急速な関心の高まりのもと，評価についても様々な議論がなされた[2]。2016年2月18日に出された同会議の意見書においては，取締役会評価の重要性について言及されており，そこでは，取締役会が果たすべき役割・責務を明確化したうえでその役割・責務に照らし実効性を評価する，課題を認識したうえで次の取組みに継続的につなげていく，評価の独立性・客観性をより高める観点から外部の眼も入れた評価を行う，などの評価のベスト・プラクティスが示された（金融庁・東京証券取引所 2016, 7）。

2018年3月，同会議のもとでガバナンス・コードが改訂されたが，取締役会評価については原則の内容に変更はなされなかた。しかし，同時にコードの付属文書として発表された「投資家と企業の対話ガイドライン」では，重点的に議論することが期待される事項として，「取締役会が求められる役割・責務を果たしているかなど，取締役会の実効性評価が適切に行われ，評価を通じて認識された課題を含め，その結果が分かりやすく開示・説明されているか。」があげられている（金融庁 2018, 3）。

---

[2] 有識者会議における取締役会評価の議論の詳細については，高山（2017）を参照のこと。

III 英国における取締役会評価

　次に，海外の状況について説明する。世界の主要国において取締役会評価は多くの企業により実施されているが[3]，ここでは，世界のなかでも早い時期から取締役会評価が実施されてきた英国の状況を紹介し，英国における取締役会評価の現状と課題を説明する。

1. 英国における取締役会評価の進展の状況

　英国においては，米国同様，1990年代から取締役会評価が徐々に企業の間に広まっていった。2003年には統合規範において取締役会評価を上場企業に求めるようになった。同年，米国においても，ニューヨーク証券取引所で取締役会の自己評価を上場規則として義務付けている[4]。そして，2010年に発表されたコーポレートガバナンス・コードの取締役会評価の項においては，「FTSE350企業は，少なくとも3年ごとに第三者評価を受けなくてはならない。また，第三者評価者が企業とそれ以外の関係を有しているか否かについて説明しなくてはならない」と，第三者による評価が求められるようになった（Financial Reporting Council 2010, 17）。

　英国FRCの報告書でも参照されているグラント・ソントンのコーポレート・ガバナンスに関する調査によれば，2010年以降各年に第三者評価を実施したFTSE 350社の企業の割合は表7-1のとおりとなっている（Grant Thornton 2014, 49；2015, 57；2016, 43；2017, 36）。3年に1度の実施であるため，各年の実施率は約3分の1程度となっている。

　また，上記のグラント・ソントンの調査によれば，3年に1度の第三者評

---

[3]　世界の主要国の取締役会評価の実施状況の詳細については，高山（2014; 2015a）を参照のこと。
[4]　Spencer（2017b）によれば，米国の評価の実施率は高く，S&P500企業においては，その98％が取締役会評価を実施していることを開示しており，35％の企業が何らかの形で第三者機関を使った評価を実施している。

表7-1 第三者評価の実施企業

2010年	2011年	2012年	2013年	2014年	2015年	2016年	2017年
16.5%	24.8%	34.5%	34.2%	38.5%	36.9%	36%	39%

出所：Grant Thornton（2014-2017）。

表7-2 3年に1度の第三者評価を実施していない企業

2014年	2015年	2016年	2017年
5.5%	7.4%	3.2%	4.6%

出所：Grant Thornton（2014-2017）。

価を実施していない企業がFTSE350企業全体に占める割合は，表7-2が示すようにごく少ない。新たにFTSE 350に入った企業は第三者評価を実施していない割合が高いため，非実施企業の割合が毎年減少傾向にあるというわけではないが，この数字から，FTSE 350社においてはほとんどの企業において3年に1度，第三者評価が実施されていることがわかる。

2. 2018年ガバナンス・コードと取締役会評価

英国のガバナンス・コードは2年に1度改訂されており，一番最近のものは2018年7月に発表されたコードである。同コードでは，取締役会評価の項についても改訂がなされ，第三者評価のプロセスについて，より詳細な開示が求められるようになっている[5]。同コードでは，企業の年次報告書において，以下の内容について開示することを要求している（FRC 2018a, 9）。

---

5) FRCが2017年に発表したコード案では，FTSE350企業を含むコード適用対象企業すべてに第三者評価を3年ごとに実施することを要求していたが，その後寄せられた意見を反映し2018年に発表されたコードの最終版では，FTSE350企業以外の中小企業に対しては第三者評価を実施することを推奨するに留まっている。

「どのように取締役会評価が実施されたか，外部の評価機関が取締役会及び各取締役に対して行ったコンタクトの性質と程度，評価の結果とそれに対してとられた行動，そして，それがどのように取締役会の構成に影響を与えたか，あるいは今後与えるか」。

そして，FRCがコードと同時に発表した「取締役会の実効性に関するガイダンス」では，第三者評価においては，質問票による評価では取締役会の実態を把握できないため，第三者機関が各取締役と直接話をすることが推奨されている（FRC 2018b, 29）。

この背景には，英国大手建設会社カリリオンの破綻（2018年1月）が影響を与えていると考えられる。この破綻においては，長年同社の監査を担当してきた大手監査法人に対する批判が高まり，FRCは，同法人の2014年以降のカリリオンの監査内容について調査を開始している。加えて，カリリオンの取締役会がその責務を適切に果たしていたかどうか，それを示す取締役会評価が適切に行われたかどうかについても，注目が集まっている（Donald and Booth 2018, 1-2）。同社がすでに財務上の問題を抱えていた2016年の年次報告書には，第三者に依頼して取締役会の第三者評価を行ったこと，そして，その結果，「2016年の評価では，取締役会は非常に実効性があり，年間を通してそのパフォーマンスはさらに改善したことを確認した。」と記されている（Carillion 2016, 56）。第三者評価は，インタビューをともなうことが多いが，同社の評価のプロセスについては，匿名のオンライン調査で行ったと書かれている。この評価において，オンライン上での質問票への回答以外で，各取締役と第三者機関の間で十分なコミュニケーションがあったかどうかについては一切記載がない。第三者評価といっても，質問票に機械的に答えるだけでは評価の質が保証されない。現在，英国では，第三者評価において，第三者機関がどのように取締役会メンバーとコンタクトをとり，どのように関与したかについて，より関心が高まっている。今回発表されたガバナンス・コードは，その傾向をさらに進めることになるだろう。

Ⅳ 日本企業における取締役会評価の現状

次に日本企業における取締役会評価の実施状況について説明する。

1. 取締役会評価実施企業の推移

表7-3は,ガバナンス・コードが制定された2015年6月以降の取締役会評価の実施状況の推移を示したものである(東京証券取引所 2015, 4;2016a, 4;2016b, 4;2017a, 4;2017c, 3)。コードの対応状況に関する開示は,同年12月までに行うことが求められていたが,8月の時点ですでに開示を行った企業が少数ながら存在する。これらは,ガバナンスに対する関心が高い企業と思われるが,評価について開示した企業68社のうち,取締役会評価を実施したのは52社,76.5%と高率となっている。しかし,対象企業の開示がほぼ出そろった12月末時点では,実施率は36.4%と下がり,その後少しずつ上昇している。前述のように,取締役会評価は2015年のガバナンス・コードによりはじめて導入されたものであったため,多くの企業においてはその実施方法について手探りの状況であった。企業の開示が出そろった2015年12月の時点では,最もエクスプレイン率(非実施率)が低い項目として注目を集めた(東

表7-3 東証1部・2部企業における取締役会評価の実施状況

時期	実施企業数	説明企業数	実施率
2015年8月末	52	16	76.5%
2015年12月末	676	1,182	36.4%
2016年7月14日	1,245	1,017	55.04%
2016年12月末	1,398	1,132	55.26%
2017年7月14日	1,812	728	71.34%
2018年12月末	N/A	N/A	82.5%

出所:東京証券取引所(2015-2017a; 2017c; 2019)。

表 7-4 JPX 日経 400 の構成銘柄における取締役会評価の実施状況

評価の手法		社数	比率
自社によるアンケート実施（208社）	自社インタビューを実施	44	88.6%
	第三者インタビューを実施	3	1.4%
	実施せず（記述なし）	172	82.7%
第三者によるアンケート実施（49社）	自社インタビューを実施	0	0.0%
	第三者インタビューを実施	15	30.6%
	実施せず（記述なし）	34	69.4%

出所：岩田ほか（2017）。

京証券取引所 2016, 4）。しかし，評価の手法がより広く知られるようになるにつれ，実施企業の割合は増加し，2018年12月末日時点で，82.5％の企業が実施している。

　なお，取締役会の第三者評価の実施状況については，2016年7月14日時点でのデータを基に東京証券取引所が開示情報を分析した調査がある（東京証券取引所 2017b, 103）。その結果によれば，第三者評価の活用について言及した企業は，今後の検討も含めて，74社，5.9％のみにとどまっている。より最近のデータでは，JPX日経400の構成銘柄400社のうちコード適用対象である東証1部・2部に属する企業396社に関して，2017年8月末時点で開示されているコーポレート・ガバナンスに関する報告書をもとに，ジェイ・ユーラス・アイアールとみずほ信託銀行が共同で行った調査がある（岩田ほか 2017, 24-28）。同調査によれば，396社のうち，取締役会評価を実施した企業は351社，88.6％となっており，上記の東証1部・2部上場企業全体の割合よりは多くなっている。第三者が何らかの形で関与したのは，表7-4にあるように52社となっており，全体の14.6％となっている。

　また，生命保険協会が2017年10月に企業および投資家に対して実施した調査（上場企業1,136社，投資家213社にアンケートを送付，うち回答企業581社，回答投資家116社）においては（生命保険協会 2018, 4），回答企業のうち取締役

会評価を実施している企業は77.4％，そして，評価実施企業のうち第三者が関与しているのは10.2％（回答企業全体のうち約8％）となっており，前述のJPX日経400企業より，第三者評価の実施率は低くなっている。このように，現時点では第三者が関与する評価を実施する企業数は限定的であるが，最初の数回は自社で評価を行うものの，その後外部の視点を入れた評価を検討する企業が増えていることから，今後，第三者評価の実施企業の割合は高まっていくものと思われる。

2. 取締役会評価の実施におけるポイント

次に，日本企業の取締役会評価に対する見方について説明する。評価を行っている企業においては，評価の実施に際して重要だと考える項目がいくつかある。前述の生命保険協会によれば，取締役会評価を実施した企業において評価の実施に際して重要だと考えているのは，図7-1にあるように，評価結果に基づくPDCAの実施と適切な評価軸の設定などとなっている（生命

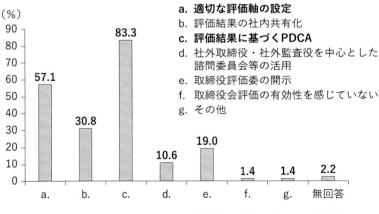

図7-1 取締役会評価の実施に際して重要だと考えていること（企業）

出所：生命保険協会（2018）。

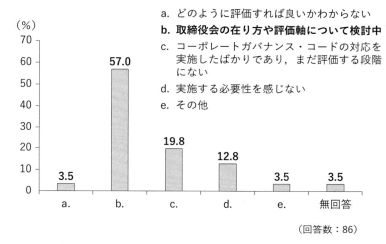

図 7-2 取締役会評価を実施していない理由（企業）

a. どのように評価すれば良いかわからない
b. **取締役会の在り方や評価軸について検討中**
c. コーポレートガバナンス・コードの対応を実施したばかりであり，まだ評価する段階にない
d. 実施する必要性を感じない
e. その他

（回答数：86）

出所：生命保険協会（2018）。

保険協会 2018, 6）。

　一方で，評価を実施していない企業において，実施しない理由として最も多くあげられているのは，図7-2にあるように，取締役会の在り方や評価軸について検討中であるため，となっている（生命保険協会 2018, 5）。

V　取締役会評価の内容

　取締役会評価の支援における筆者のこれまでの経験を踏まえながら，評価の具体的な内容について，評価のプロセス，評価の結果がもつ意味，評価をとおしてみえる日本企業の取締役会が抱える課題などについて，説明する。

1. 評価のプロセス

　日本における評価の手法は，質問票によるものと，インタビューによるも

の，そしてその2つを組み合わせた評価がある。これは海外企業においても同様であり，国内と海外の差異はない。また，すべて自社で完結する自己評価と，第三者が何らかの形で関与する第三者評価がある。ただし，第三者評価においても，評価の主体は取締役会であって，第三者が取締役会を評価するのではない。第三者機関は，事前の取締役会議長との議論，取締役会議事録の閲覧，取締役会の傍聴，質問票の作成，質問票の配布・回収，質問票回答結果の分析，個別インタビューの実施，インタビュー結果の分析，最終報告書の提出のプロセスのすべて，あるいは，一部を行う。その結果をもとに，取締役会が最終的な評価を行うことになる。

　第三者機関を使うメリットは，プロセスにおける透明性・客観性を与える，他の企業のガバナンスの状況・取締役会評価の状況に関する知見・経験を踏まえた分析・アドバイスを提供できる，などが主なものである。参考までに，英国の取締役協会（IOD）は，内部評価と第三者評価のそれぞれの長所と課題を，以下のように説明している（Institute of Directors 2010, 4-5）。

- 取締役は，取締役会議長や他の社内関係者に直接伝えるよりも，自社に関係のない第三者に対して，より進んで取締役会の機能に関する基本的な懸念を表明するだろう。このような傾向は，ある重要な事業分野に対する自信や専門知識が欠けていたり，就任してからの時間が浅いなどのために，取締役会ではあまり強く主張しない取締役において，よりあてはまるだろう。
- 取締役会議長と経営陣に対して，評価プロセスの結果を正直に報告するという点において，独立した外部の評価者は制約が少ないだろう。
- 資格要件を満たした適切な第三者評価者は，取締役会評価のプロセスに専門家のノウハウを持ち込む。
- 独立した第三者評価者を含めることによって，取締役会評価が厳しく客観的に行われたという安心感を，株主や他の外部のステークホルダーに対して与えることができるだろう。

ただし，第三者評価といっても，前述のカリリオンのケースのように，オンライン調査による簡単な評価であれば，このようなメリットは十分に享受できない。第三者が，取締役会メンバーと十分なコンタクトのうえで評価のプロセス全体に深く関与した例として，大手製薬会社であるGSKの評価があげられる。同社では，2017年の年次報告書において，同年実施した第三者評価のプロセスについて，5段階に分けて詳細に説明している（GSK 2018, 92）。以下，開示内容に基づき，プロセスの概要を記載する。

フェーズ1：準備
- 第三者機関は，取締役会議長，筆頭独立社外取締役（Senior Independent Non-Executive Director），CEO，取締役会事務局責任者（Company Secretary）とミーティングをもち，評価の範囲と評価のタイムテーブルについて議論を行い，内容について合意した。
- 取締役会事務局責任者は，第三者機関に対して，評価の準備作業の一部として，取締役会，委員会，その他の重要な資料を提供した。

フェーズ2：インタビュー
- 2017年11月および12月に，第三者機関は各取締役に対して詳細なインタビューを実施した。
- 事前に，各取締役にインタビューにおける明確な議題が送られ，それに基づいてインタビューが実施された。
- より広い視点を確保するために，取締役会事務局責任者と人事部トップに対してもインタビューが実施された。

フェーズ3：観察
- 第三者機関は，2017年12月に開催された取締役会と委員会の会合に出席し，取締役，会合の運営，会合における議論の状況を観察した。

フェーズ4：レビュー
- 評価の内容と評価の結果案を含んだ報告書が第三者機関により作成され，まず，議長，CEO，取締役会事務局責任者とともに，その内容について議論を行った。次に，調査結果と推奨事項を含んだ報告書が，2018年1月の取締役会において，第三者機関により提示された。
- 以下の報告書が別途作成された。
  - 各委員会に関する報告書は，まず各委員会の委員長に提示され，次に2018年1月の各委員会の会合において議論された。
  - 各取締役に関する報告書は，議長に提出され，その内容について議長と議論を行った。
  - 議長に関する報告書については，まず筆頭独立社外取締役と報告書の内容について議論を行った。次に，筆頭独立社外取締役と第三者機関は，（議長以外のその他の）社外取締役とその内容について議論を行った。その後，筆頭独立社外取締役と議長はその内容について議論を行った。

フェーズ5：結果
- この報告書の結果を受けて，取締役会メンバーは，当社の最善の利益のために積極的に取り組んでいる。そして，同メンバーは，取締役会の仕事は，取締役会の運営を支援するために構築されたしくみにより支えられていると感じている。
- 取締役会はガバナンスについて非常に真摯に受け止めており，次の分野についてさらに取り組むことを決めた。
  - 新しいCSO（Chief Scientific Officer）兼R&Dプレジデントの指名に続き研究開発戦略を検証する
  - 毎年注力すべき明確な優先順位について合意することで，取締役会が注力し意思決定することを促進する
  - 経営上層部と取締役会レベルにおけるサクセッションプランを構築す

る
- ▶ グループ全体におけるCEOのカルチャーと一致する取締役会の関係とカルチャーを構築する

　以上のように，GSKにおいては，議長および取締役会メンバーの十分なコミットメントのもと，第三者機関による丁寧かつ徹底したプロセスで，評価が実施されている。

2. 評価の結果と他社比較

　取締役会評価を支援している筆者のもとには，「自社が全体の中でどれくらいのポジションなのか知りたい」「他社，あるいは，平均と比べて，どれくらい優れているか，劣っているか知りたい」などの要望が，時々寄せられる。そのような比較が可能どうか，その結果が取締役会の実効性を正しく反映しているかどうかについて，前述のジェイ・ユーラス・アイアールとみずほ信託銀行の共同調査において，検証を行っている（岩田ほか 2017, 24-28）。現在，多くの企業は質問票を使った評価を行っている。質問票においては，取締役会の現状がポジティブかネガティブかについて，各項目において3－5個の選択肢のなかから選択して回答する手法がとられることが多い。ポジティブな回答であれば高い点数，ネガティブな回答であれば低い点数とするなどして，これらの回答結果を数値化することで，回答結果について定量的な比較を企業間で行うことは可能である。同調査では，ジェイ・ユーラス・アイアールとみずほ信託銀行がそれぞれ評価を支援した企業の質問票の回答結果に基づき（対象企業46社，回答役員597名），共通する質問項目について回答結果を数値化して比較を行った。なお，この回答結果は，取締役会メンバーが自らの取締役会の実効性を評価した結果であり，第三者が取締役会を評価したものではない。

　同調査では，表7-5にあるように，調査対象企業を，ガバナンスやIRに関して過去5年間において受賞歴がある企業をグループ1，それ以外の企業

をグループ2に分類した。それぞれの企業グループの特徴は表7-5に示すとおりである。グループ1は、グループ2と比較して、外国人持ち株比率がより高く、ROEの過去3年間の平均もより高く、社外取締役の比率もより高くなっている。また、ガバナンス報告書における取締役会評価に関する記載も、グループ1のほうが多くの字数を費やし課題も含めてより詳細に報告している。

これらの企業の回答結果を、各評価項目ごとに数値化して比較すると（ポジティブな評価であるほど点数が高く、ネガティブな評価ほど点数が低くなる）、表7-6にみるように、すべての項目において、IRやガバナンスに熱心に取り組んでいるグループ1のほうが点数が低い結果となっている。

表7-5　企業グループの特徴

企業グループ	外国人持ち株比率	過去3年間の平均ROE	社外取締役の比率	CG報告書の評価箇所の記載文字数
グループ1	33.7%	9.8%	43.4%	574
グループ2	12.6%	6.7%	24.4%	341

出所：岩田ほか（2017）。

表7-6　企業グループの評価項目ごとの平均点

評価項目	グループ1平均	グループ2平均	全体平均
取締役会の役割・機能	3.3	3.4	3.3
取締役会の規模・構成	3.8	4.1	4.0
取締役会の運営	3.2	4.0	3.8
監査機関等の連携	3.1	4.0	3.8
社外取締役との関係	3.2	3.8	3.7
株主・投資家との関係	2.9	3.7	3.4

出所：岩田ほか（2017）。

図 7-3 評価項目の点数分布

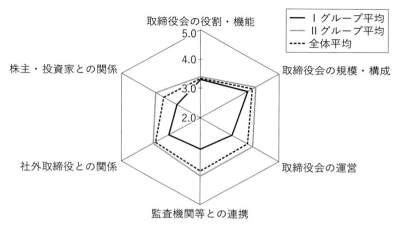

出所：岩田ほか（2017）

　図 7-3 は，これらの結果の分布状況示したものである。
　この結果は，ガバナンスや IR に積極的に取り組んでいるグループ 1 の企業のほうが，自社の取締役会に対する評価がより厳しいことを示している。おそらく，グループ 1 の企業においては，自らの取締役会の実効性について高い目標をもっているため，その目標と比較して現状を厳しく評価していることが，その理由であると考えられる。一方で，設定された目標が高くない場合は，現状に対する満足度が高く，取締役会に対する評価が高くなる傾向があると思われる。この調査結果にみるように，評価の結果は，ガバナンスの実態とは必ずしも一致していない。そのような評価結果を用いた単純で定量的な企業比較は，自社の取締役会の実効性を考えるうえでは，有効な情報とはいえないだろう。

3. 評価の結果と取締役会の実態

　取締役会評価が実態を反映していない極端な例としては，2018 年に不正融

資が発覚し取締役会と経営陣の責任が問われている銀行があげられる。同行に対する第三者委員会による報告書が2018年9月7日に公表された。取締役会の実効性確保のために運営面で重要となるのは，取締役会の所要時間，議案の内容，審議の状況などであるが，同報告書では，取締役会の所要時間は1時間程度にすぎず，かつ，多くの決議・報告事項があげられており説明だけでおわっていたと考えられること，議題の内容については，十分な情報が提出されておらずそれに基づき議論を行うのがむずかしい状況であったこと，議論の状況に関しては，議案に対して反対の意見がでたことはないし，修正の意見，情報のさらなる開示を求める意見，継続審議を求める意見などはでたことがなかったようであったことなど，運営上の不備が数多く指摘されている（スルガ銀行株式会社 第三者委員会 2018, 278-279）。

一方で，取締役会評価については，以下のように報告されている。

「CGコードに従い，（同社は）取締役会の実効性評価をしている。評価は，各役員へのアンケート調査によるものとしているが，2015年度及び2016年度では，各質問項目とも，満足度の高いものとなっている。質問項目は『重要な業務執行の決定は「Our Philosophy」を踏まえたものになっているか』（「そう思う」・「まあそう思う」あわせて100％），『審議に必要な情報が適時適切に提供されているか』（同100％）などとなっている。2017年度分は，本事案の発覚のため，停止している」。

以上から，過去の評価が実態を反映していないものであったことが結果的に判明したと述べている（スルガ銀行株式会社 第三者委員会 2018, 280）。

この例にみるように，単純で表面的な手法による評価の結果は取締役会の実態を反映しないことが多く，その実効性を測るうえではあまり意味があるものとはいえない。ただし，同じ企業において取締役会の状況の推移を時系列でみる場合は，定量的な結果の比較は一定の意味があるだろう。評価によって課題を抽出し，それを1年かけて改善し，翌年に改めてその内容を検証するという企業が増えているが，そのような場合は，課題として認識され1年かけて改善が図られた項目は，翌年はより高い評価を受ける。ただし，

毎年すべての項目が常に右肩上がりに高い評価を得ていくわけではない。経営環境の変化により企業には常に新たな課題が生まれる。また，取締役会の実効性を高める努力の過程で，現状に満足せず常により高い目標を掲げる企業もある。このような状況では，前年より低い評価結果となるケースも少なくないだろう。定量的な評価結果は，その重要性と同時に限界を認識しながら，活用することが必要である。そして，実態を正確に判断するためには，企業がおかれた状況，ガバナンスのステージを踏まえた定性的かつ深い評価を同時に行うことが不可欠である。

4. 評価の実例からみる取締役会の課題

日本企業の取締役会の実情は様々だが，いくつか共通する課題がある。それらのなかから，社内取締役および社外取締役における課題について，筆者の経験を踏まえながら説明する[6]。

(1) 社内取締役における課題

取締役会がその監督機能を高めるうえで，社外取締役は中心的な役割を果たすことが期待されている。しかし，日本企業の取締役会においては，社内取締役が大半を占めており，その多くが執行を兼務している。このような状況においては，監督機能の観点から社内取締役をどう位置付けるか，社内取締役にどのような役割を期待するかは，多くの企業にとって重要な問題となる。これまで筆者が支援した取締役会においては，社内取締役に対しては，①社外役員に対して事業・経営の状況について十分な情報提供をする，②取締役として全社的な視点のもと監督機能を果たす，という2つの役割を求めることが多かった。しかしながら，これらの異なる責務を同時に果たすのは社内取締役にとって困難をともなう仕事である。

社内取締役の状況について社内・外両取締役から寄せられたコメントのな

---

[6] 日本企業の取締役会評価が抱える課題については，高山（2015b）においても説明している。

かから，ここにいくつか紹介する。まず，社内取締役の役割については，社外取締役から以下のような意見が提示されている。

- 社内取締役は，執行役員を兼務するのが通常であるため，執行役員としての担当領域に対する責任意識を引きずりがちであるが，取締役会の一員として執行の監督の一翼を担う以上，全社経営に対する目線がより強く求められる。
- 全社的視点で意見のいえない社内の取締役は取締役としてふさわしくない。執行役の上位者が取締役ではない。役割が異なる。

また，取締役会の発言については，社外取締役からは，

- 社内取締役の発言は少ないが，経営会議で議論したうえで議題として出てくることに対して発言するのはおかしいと考え，取締役会では自身が発言するよりも社外の意見を聞くとなることが多いのは理解できる。

と，社内取締役の発言が少ないことに理解を示す意見がある一方で，

- 社外取締役としての責任を果たすうえで，議題について社内取締役がどのような思いでどのような考えでみているのか，そこを十分に理解したい。社内取締役からより多くの発言を望む。
- 担当分野に関して説明することも重要だが，自ら所掌しない分野・部門に対する客観的な意見表明が取締役として最も重要である。その部分に関する発言が少ない。

との意見も多い。一方で，社内取締役からは，以下のような意見が寄せられている。

- 担当部門のみでなく，会社全体のことを考えて発言をするべきだが，実際はなかなかできていない。
- 執行役員兼取締役というのは矛盾している。執行役から離れて取締役の立場から議論するとなると，二重人格のような状況に直面する。

取締役会の運営上の課題（時間，議題，資料など）については比較的短期間で対応することが可能であるが，これらの社内取締役に関する課題については，取締役会での本質的で深い議論を経たうえでの対応が必要になるため，

議長のイニシアチブのもと，時間をかけて取り組まなければならないだろう。

(2) 社外取締役における課題

　取締役会における社外取締役の役割は，社内取締役に比べより明確であり，前述のような問題は生じない。これまでの経営者や専門家としての経験，社外取締役としての経験に基づき，当該企業の状況に対する深い理解のもと，その監督機能を十分に発揮し企業価値の向上に貢献している社外取締役も多い。そのような社外取締役を有している企業において課題となるのは，現在の社外取締役が変わっても，人が変わっても，どのようにして，現在と同じ実効性を維持する仕組みをつくっていくかという点である。

　この課題に対する取組みについては，社外取締役の就任前の対応と就任後の対応2つに分けることができる。就任前においては，社外取締役に関する明確なサクセッションプランを策定し，それに基づいて適切な社外取締役候補を常に選任することが可能な仕組みが必要となる。就任後の対応としては，現在，欧米の企業で行われているような，社外取締役を含めた取締役個人に対する評価（取締役相互による個人の評価も含む）があげられる[7]。双方とも，現在日本において実際に取り組んでいる企業は非常に限定的であり[8]，ここにその実例を示すことはできないが，後者の個人の評価について，海外の事例を参考までに紹介する。

　英国では，ガバナンス・コードにおいて，取締役会評価においては個人の評価も行うことが求められている。英国では社外取締役が過半数を占めているため[9]，取締役個人の評価は社外取締役に対する評価に近くなる。社内取

---

[7] 社外取締役のあるべき選任プロセスについては，倉橋 (2016) においても記載されている。
[8] 自身が取締役会にどのように貢献しているか，さらに改善の余地があるか，について，取締役が自らを評価する自己評価を質問票の項目に含めている企業はあるが，議長による個別インタビューや相互評価（ピアレビュー）を行っている企業はほとんどない。
[9] Spencer (2017a) によれば，FTSE100社においては，議長（英国では通常，社外取締役が議長を務める）を除く独立社外取締役の取締役会全体に占める割合は61.4%となっている。

締役は，社外取締役からそのパフォーマンスを厳しく検証され・監督されているのであれば，同時に社外取締役もそのパフォーマンスを検証されるべきであるという考え方は理解できる。具体的なプロセスとしては，質問票に書面で回答する，議長や指名委員会の委員長が各取締役に個別にインタビューし，当該取締役自身，および，その他の各取締役に対する評価を問うていく，などがある。第三者評価の場合は，第三者の機関が各取締役に対してインタビューを実施する。ただし，このような個人に対する評価については賛否両論がある。米国では，取締役会評価はニューヨーク証券取引所の上場規則で求められているが，個人の評価に関する規定はない。2017年に米国のS&P500社を対象に行った調査では，取締役会に占める社外取締役の割合は英国よりさらに高くなっており[10]，また，98％の企業が取締役会評価を実施している旨を開示している。しかし，評価実施企業のうち何らかの形で個人の評価を行っているのは37％にすぎない（そのうち，相互評価を行っている企業の割合はさらに少ない）（Spenncer 2017b, 4）。5年前の調査ではその割合は36％であり，ほとんど変化がない。取締役会という少人数な集団で行う個人の評価は注意深く実施する必要があり，米国においても，その実施をためらっている企業が多いことがわかる。

Ⅵ 投資家からみる取締役会評価

　これまでは，企業の立場で取締役会評価の実効性について検証してきたが，次に，投資家が取締役会評価をどのように捉えているかについて説明する。

1. 投資家と企業の見方

　ガバナンスに関して取組みを強化する必要がある事項について，前述の生

---

[10] Spenncer（2017b）によれば，S&P500社においては，独立社外取締役の取締役会全体に占める割合は85％となっている。

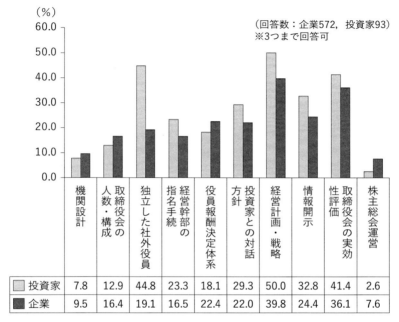

図7-4 コーポレート・ガバナンスに関して今後取組みを強化する事項（企業）・強化を期待する事項（投資家）

出所：生命保険協会（2018）。

　命保険協会の調査では企業と投資家両方に対して質問した結果を示している。企業については，ガバナンスに関して今後取組みを強化する事項を，投資家に対しては，企業に強化を期待する事項を複数回答（3つまで選択可能）でたずねている。その結果は，図7-4にみるように，独立した社外役員については，投資家が期待しているにもかかわらず，強化を図る企業の割合が低くなっている。一方で，取締役会評価については，双方の考えが一致しており，企業も投資家も同じく重要な事項であると考えている（生命保険協会 2018, 5）。

2. 取締役会評価の開示

　この調査のおいては，投資家が開示の強化を求める項目についても示されているが，図7-5にみるように，取締役会評価の開示はその上位の項目としてあげられている（生命保険協会 2018, 8）。取締役会の実態は外部からは理解することがむずかしく，投資家にとっては，開示された評価の結果は取締役会を理解するための数少ない手掛かりとなる。

　一方で，評価の結果をどう開示するかは，企業にとってむずかしい問題でもある。評価を徹底して行うほど多くの課題が明らかになる。機密性の高い内容も多く，そのまま開示することができない。また，前述のように，評価の結果と取締役会の実態が必ずしも一致しない。厳しい結果となった企業の取締役会のほうが，そうでない企業よりも，実際にはより監督機能が高く実効性があるというケースも少なくないだろう。しかし，そのような状況にありながらも，評価の結果の開示をとおして，投資家との対話を行いたいと考

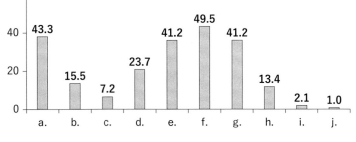

図7-5　開示内容の充実を期待する項目（投資家）

出所：生命保険協会（2018）。

える企業も多い。開示内容については，この数年の間いろいろな実例が積み上がっているが，海外の企業同様，日本企業においても今後も試行錯誤の時期が続くだろう。

VII　おわりに

　ガバナンス・コードが施行され3年以上たった現在，日本企業において取締役会評価が広く行われるようになっている。そのようななか，評価を活用することにより取締役会の実効性を向上させることが可能なこと，その一方で評価の手法によってはその効果に限界があることが，認識されつつある。また，評価で明らかになった課題に対する取組みをとおして取締役会の改革を進めている企業と，ガバナンス・コードの一要求事項として機械的に評価を実施している企業の差異もより明確になってきている。取締役会評価は，それ自体が目的ではなく，取締役会の実効性を高めるための重要な手段・プロセスである。評価の主体である取締役会の姿勢が，今後さらに問われることになるだろう。

[**参考文献**]

岩田宜子・森央成・磯野真宇. 2017.「取締役会評価の現状分析と今後の課題」『商事法務』(2152).
金融庁. 2018.「投資家と企業の対話ガイドライン」.
金融庁・東京証券取引所. 2014a.「検討に当たっての視点例」(コーポレートガバナンス・コードの策定に関する有識者会議（第4回）事務局説明資料).
金融庁・東京証券取引所. 2014b.「コーポレートガバナンス・コードの基本的な考え方に係るたき台（序文を除く）」(コーポレートガバナンス・コードの策定に関する有識者会議（第5回）事務局説明資料).
金融庁・東京証券取引所. 2016.「会社の持続的成長と中長期的な企業価値の向上に向けた取締役会のあり方―スチュワードシップ・コード及びコーポレートガバナンス・コードのフォローアップ会議意見書（2）―」(スチュワードシップ・コード及びコーポレートガバナンス・コードのフォローアップ会議配布資料).
倉橋雄作. 2016.『取締役会実効性評価の実務』商事法務.
スルガ銀行株式会社第三者委員会. 2018.『調査報告書（公表版）』.
生命保険協会. 2018.『平成29年度 生命保険協会調査　株式価値向上に向けた取り組みについて』.

高山与志子. 2014.「取締役会評価とコーポレート・ガバナンス―形式から実効性の時代へ―」『旬刊商事法務』2043：15-26.
高山与志子. 2015a.「第8章 取締役会評価の時代」北川哲雄編『スチュワードシップとコーポレートガバナンス―2つのコードが変える日本の企業・経済・社会―』東洋経済新報社.
高山与志子. 2015b.「取締役会評価の実際と課題」『証券アナリストジャーナル』53（11）：39-48.
高山与志子. 2017.「取締役会評価の現状と課題―コーポレートガバナンス・コード施行後の2年間を振り返って―」『Disclosure & IR』7：124-132.
東京証券取引所. 2015.『コーポレートガバナンス・コードへの対応状況及び関連データ2015年9月24日』：4.
東京証券取引所. 2016a.『コーポレートガバナンス・コードへの対応状況（2015年12月末時点）2016年1月20日』.
東京証券取引所. 2016b.『コーポレートガバナンス・コードへの対応状況（2016年7月末時点）2016年9月13日』.
東京証券取引所. 2017a.『コーポレートガバナンス・コードへの対応状況（2016年12月末時点）2017年1月16日』.
東京証券取引所. 2017b.『東証上場会社 コーポレート・ガバナンス白書2017』2017年3月.
東京証券取引所. 2017c.『コーポレートガバナンス・コードへの対応状況（2016年12月末時点）2017年9月5日』.
東京証券取引所. 2019.『改訂コーポレートガバナンス・コードへの対応状況（2018年12月末日時点）速報版 2019年1月28日』.
Carillion. 2016. Annual Report and Accounts 2016 (http://www.annualreports.com/HostedData/AnnualReports/PDF/LSE_CLLN_2016.pdf 検索日2018年12月10日).
Financial Reporting Council (FRC). 2010. The UK Corporate Governance Code. June 2010 (https://www.frc.org.uk/getattachment/31631a7a-bc5c-4e7b-bc3a-972b7f17d5e2/UK-Corp-Gov-Code-June-2010.pdf 検索日2018年12月10日).
FRC. 2018a. The UK Corporate Governance Code. July 2018 (https://www.frc.org.uk/directors/corporate-governance-and-stewardship/uk-corporate-governance-code 検索日2018年12月10日).
FRC. 2018b. Guidance on Board Effectiveness. July 2018 (http://www.frc.org.uk/getattachment/61232f60-a338-471b-ba5a-bfed25219147/2018-Guidance-on-Board-Effectiveness-FINAL.PDF 検索日2018年12月10日).
Grant Thornton. 2014. Corporate Governance Review 2014. Plotting a New Course to Improved Governance (https://www.grantthornton.co.uk/globalassets/1.-member-firms/united-kingdom/pdf/publication/2014/corporate-governance-review-2014.pdf 検索日2018年12月10日).
Grant Thornton. 2015. Corporate Governance Review 2015. Trust and Integrity – Loud and Clear? (https://www.grantthornton.co.uk/globalassets/1.-member-firms/united-kingdom/pdf/publication/2015/uk-corporate-governance-review-and-trends-2015.pdf 検索日2018年12月10日).
Grant Thornton. 2016. Corporate Governance Review 2016. The Future of Governance：

One Small Step (https://www.grantthornton.co.uk/globalassets/1.-member-firms/united-kingdom/pdf/publication/2016/2016-corporategovernance-review.pdf　検索日2018年12月28日).

Grant Thornton. 2017. Corporate Governance Review 2017 (https://www.grantthornton.co.uk/globalassets/1.-member-firms/united-kingdom/pdf/publication/corporate-governance-review-2017.pdf　検索日2018年12月10日).

Glaxo Smith Kline plc (GSK). 2018. Annual Report 2017 (https://www.gsk.com/media/4751/annualreport.pdf　検索日2018年12月28日).

Institute of Directors. 2010. The Challenge of Board Evaluation, 2 September 2010.

Nordberg, D. and R. Booth. 2018. Response to UK Corporate Governance Consultation (https://www.frc.org.uk/getattachment/0b954635-be94-470b-af5e-984c26710352/Carey-Group;.aspx　検索日2018年12月10日).

Spencer Stuart. 2017a. 2017 UK Board Index (https://www.spencerstuart.com/research-and-insight/uk-board-index-2017　検索日2018年12月28日).

Spencer Stuart. 2017b. 2017 US Board Index (https://www.spencerstuart.com/research-and-insight/ssbi-2017　検索日2018年12月28日).

column 7 Triple Bottom Line ＋ガバナンス（TBL＋G）の意義 ― Novo Nordiskの事例

　Novo Nordisk（以下，Novo）が財務・社会・環境の3要素に関してバランスをとって配慮し，企業責任を果たすことを旨とするTriple Bottom Line経営（TBL経営）は，サステナビリティ経営の指針として高く評価されている。SDGsへの関心が高まるなかで「ESG経営の先進企業」といった評価もみられるが，実は財務・経済面の成果がスゴいのである。

　Novoの『統合報告書2017』を読んでみると，驚くような数字が飛び込んでくる。たとえば2017年の売上高は約1,100億デンマーククローネ（DKK日本円換算で約2兆円）であるが，営業利益は490億DKKを計上しており，営業利益率は実に44％に達している。同社の製品フランチャイズは糖尿病領域を中心に集約されており，研究開発や営業活動を効率的に展開できる側面はあるものの，過去5年間平均でも40％超となっていることから，実に見事な収益構造を作り上げているというほかない。

　さらに直近の株主資本利益率（ROE）はなんと80％を超えている。高収益に加え，配当と自社株買いによる支払い合計がフリーキャッシュフローを上回るような財務政策を継続的に行っているためであるが，これだけの数字を叩き出せば資本市場関係者も文句がつけようがないくらい財務・経済の（financially）責任を果たしているのである。わが国では2014年に発表された「伊藤レポート」を機に8％以上のROEを目指そう，ということになった。近年は収益性の高い医薬品企業から10％台後半のROEを達成する企業が出始めているが，彼我の差これいかに，という感じではある。

　TBL経営を規定している企業理念『ノボ ノルディスクウェイ』（以下，NNW）は，Novoグループの全社員が「糖尿病やその他の深刻な慢性疾患を克服するための変革を推進」するための基盤と位置付けられており，2004年には定款にも盛り込まれた。患者さんがよりよい生活を送ることを最大の

Triple Bottom Line + ガバナンス
(TBL + G) の意義 — Novo Nordiskの事例

column 7

目的として，TBL 経営を通じて患者さん・株主・コミュニティに貢献すること，全社員がオープンかつ正直に責任をもって行動すること，クオリティと企業倫理に妥協をしないこと，など崇高な内容が表現されている。

まさにグローバルに活動する医薬品企業に相応しい理念であるが，筆者が研究しているかぎり，欧米日のトップ医薬品企業のなかでも同趣旨の理念を掲げている企業は少なくない。ただし同様の企業理念であったとしても，すべての企業が高いパフォーマンスを達成しているわけではない。なぜNovoはこのような成果をあげることができるのだろうか？ 筆者は同社のコーポレートガバナンスの有り様に，その秘訣が隠されているのではないかと捉えている。

まず Novo のガバナンス構造の特徴として，次の4点をあげる。
①持株会社 Novo Holdings A/S が過半の議決権を保有している。
　種類株の活用により，Holdings は現在75.5％の議決権をもつ。
②取締役会メンバー 11 名は 7 名が株主に，4 名は従業員に選任される。
　従業員代表（男女各 2 名）が取締役会メンバーとして参画している。
③取締役会は多様なジェンダーと国籍のメンバーで構成される。
　現在は株主選任 7 名のうち 2 名が女性，4 名が北欧以外の国籍。
④取締役会と経営陣を対象に「セルフアセスメント」を毎年実施する。

わが国のガバナンスとは比較がむずかしいが，筆者なりに解釈するならば，流動株主が少ないことで保守的すぎる経営判断に傾かぬよう，取締役会への従業員代表の参画や多様性の確保により，様々なステークホルダーの利害に配慮する姿勢（＝TBL 経営の肝といえよう）を貫き，セルフアセスメントによって高い規律を維持している，ということになる。

また Novo は下図のごとくコーポレートガバナンス体系を説明しているが，同社の周到さを読み取ることができる。

Novo はコンプライアンスを大前提として，軸となるガバナンス構造とバックアップ機能たるアシュアランスを一元的に位置付ける。しかもコンプライアンスは法令やソフトローに加えて NNW で構成されており，TBL によっ

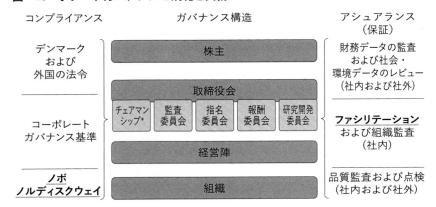

図　コーポレートガバナンスの規範と実務

出所：ノボ ノルディスクファーマ株式会社『統合報告書 2017』p.43（下線は筆者による）。

て企業価値を高める経営の出発点であることが明確になっている。

　またアシュアランスでは，財務データや品質の監査にとどまらず社会・環境データのレビューが明確に示されていることが Novo らしい。加えてファシリテーションを重要な機能として位置付けているが，これは NNW が組織内でどの程度実践されているかを追跡し，TBL の社内定着と価値観の共有を図るための重要な活動であり，マネジメント業務の経験を有するシニア層が中心となって世界中で展開されている。これは全世界で 2 万人を超える規模を対象にした取組みであり，TBL を Novo グループの社員に広く浸透させ，様々なパフォーマンスにつなげようとする意欲がうかがえる。

　TBL が想定する財務・社会・環境の 3 要素すべてにおいて責任を果たすに値する成果をあげるのは簡単ではない。たとえばポーター博士は CSV を発表する 5 年前の論文「競争優位の戦略」（2006 年，原題は "Strategic Society"）において TBL がサステナビリティにつながる理論であると評価しつつも，長期的な目標と短期的なコストのトレードオフという課題をクリアすることのむずかしさを指摘している。しかし Novo は NNW という企業理念を出発

Triple Bottom Line＋ガバナンス（TBL＋G）の意義 ― Novo Nordiskの事例　column 7

点として巧みなコーポレートガバナンスのシステムを作り上げ，安易なトレードオフを許すことなく高いパフォーマンスを続けているのである。

　言い換えればTBLを「絵に描いた餅」にさせぬよう，ガバナンスによって実効性を担保させるというTBL＋G構造を築き上げてきた。NovoはNNWを1997年に導入する以前の苦い経験などを教訓にしつつ，北欧の特徴ともいえる従業員代表の取締役会参画など独特なステークホルダー観を生かしながら，サステナビリティの指針とも評される経営へと昇華させている。

　2018年秋，筆者は欧州の大手医薬品企業各社を訪問し，CSRやサステナビリティの責任者にインタビューする機会を得た。そのなかでN社の方が「コーポレートガバナンスは企業が前進（Go forward）するための重要なコア機能の一つです」という発言をされていたが，ガバナンスはどちらかといえばリアクティブな機能であり，組織防衛やリスクマネジメントの印象が強かった筆者にとっては「目からウロコ」であった。「そうか，前に進むためなのか！」NovoがTBL＋Gをうまく回しているのも，取締役会傘下に「研究開発委員会」を置いてR&D戦略にコミットするのも合点なのである。

　北川教授は「ESG経営」という表現は企業からみると違和感があるとしたうえでTBLはE（経済的責任），E（環境への責任），S（社会的責任）の「三つの経営の軸」を考慮しながら企業がミッションを果たそうとする思考方法であり，GはTBLすべてを実行するための推進力である，と説明している。TBL＋Gは日本企業にも大いに参考になる概念と思われ，近い将来，その観点での議論が進むことを願ってやまない。

第IV編

企業と投資家の高質な対話
―インベスター・リレーションズ―

第8章はサステナブル経営遂行上でのリスクアペタイト・ステートメント策定の重要性を指摘，投資家が企業価値を算定するうえで重要情報となり得るとの認識を示している。第9章は日本企業のIRの過去10年の変容の足跡をたどり，ベストプラクティス企業の特徴を示している。第10章は日本企業の統合報告書の課題と情報を利用する側の機関投資家の問題を整理して，今後の課題を論じている。

掲載 column
「今一度企業におけるIRを考える」
「「戦略的提携」の価値―中外製薬 – Roche 間の事例」

第 8 章

リスクアペタイトと価値創造

I　はじめに——リスクアペタイトとは何か

　リスクアペタイト（Risk Appetite）という言葉を読者の方は耳にしたことがあるだろうか。Risk[1]はとりあえずおくとして，Appetite を辞書で引くと，本能的欲望（食欲・性欲・欲求），（欲求としての）好み，とある。リスクアペタイト（以下，RA）を保険の英和辞典（用語集）で引くと，「リスク許容度」[2]と訳されているが，筆者は「リスク選好」と解釈している。一般的な日本人の感覚からすると，リスクを積極的に好んで選ぶなど理解しがたいことかもしれないが，RA は企業における価値創造の源泉である。実際，事業活動には必ずリスクがともない，「リスクと機会はコインの裏表」の関係にある。それでは，どう考えればよいのであろうか。まずは RA の背景（国・団体による理解の違い）から説明をはじめよう。

---

[1]　リスクの定義は多様であり，日常的には危険または不確実性といった意味で使われることが多いと思われる。事業経営では，自然災害・事故など損失しか生じない「純粋リスク」（負方向のみ）と，策定した戦略が上手くいかない場合には損失が生じ得るが，成功した場合には利益を生む「ビジネスリスク」（正・負両方向）がある。本章では，主として後者の立場で議論を進める。詳しくは，加藤（2018，21-25）を参照されたい。

[2]　リスクアペタイトを『日英対訳用語集　保険・年金・リスクマネジメント』（2008）で引くと「リスク許容度」とあるが，リスクアペタイトの概念が最近の動向を反映したリスクの質（タイプ）と量を対象とするのであれば，Risk tolerance をリスク許容度とするほうが適訳と思われる。

II 国・団体による理解の違い

1. 英国

　1990年代〜2000年代初頭にかけて，英米等で発生した一連の不祥事が契機となってコーポレートガバナンスに人々の関心が集まった。英国ではガバナンスに関する種々の報告書が発表され（たとえば，中川（2010）および林（2015）），1999年に出されたターンブル・ガイダンス『内部統制—統合規範に関する取締役のための指針—』では，RAに関する取締役会の責務として，会社が直面するリスクの性質と程度や，会社が許容可能なリスクの程度と範疇（種類）を考慮すべきこと（The Institute of Chartered Accountants 1999, 6）をあげている。

　英国財務報告評議会（Financial Reporting Council：FRC）は，コーポレートガバナンス・コード（2016年）C節（説明責任）において，取締役会は戦略的な目的を達成するために企業が進んで取る主要なリスクの性質と程度を決定することに責任がある，と記載している。リスクの性質と程度とは，どのようなリスク（対象）をどれ位（量）とるべきなのかを意味している。もう一点指摘すべきは，2010年版・2012年版では「重要なリスク」（significant）となっているが，2014年版からは「主要なリスク」（principal）に改訂された。2012年版の序文にはリスクに関する記載はないが，2014年の序文には「より長期の実現性に影響を与えるリスク（…中略…）より明確でより広い視野」という文言があることから，主要なリスクに絞り込むべきという姿勢がうかがえる。

2. 米国

　次に米国をみてみよう。トレッドウェイ委員会支援組織委員会（Committee of Sponsoring Organizations of the Treadway Commission：COSO）は統合リスクマネジメント（ERM）を推進している団体である。COSOは，RAをERMにとって不可欠なものであるとして，組織が戦略的目的を追求するために進ん

で受容するリスクの量と定義している。その上で「付加的にリスクマネジメント方針に反映され，企業文化や事業スタイルに影響を与える（…中略…）また資源配分，人々（従業員），組織，そして効果的なリスクへの対応や監視のためのインフラ設計といったプロセスにも影響を与える」(Rittenberg and Martens 2012, 3) と説明している。また，「取締役会および経営層との関係では，経営戦略がRAと連携して，目的の設定と経営資源の効果的な配分に資するように意思決定する必要」がある（COSO 2017, 5）と述べている。COSOにおいて中心的役割を果たしているPwCは，RAは企業が受容可能なレベルまでリスクを低減するための適切な行動をとるレベルを明確にすべきと主張している。さらに，RAに関する一連の検討プロセスによって，会社がリスクと報酬の間のトレードオフの関係を想定して，かかわるリスクを明快に理解することができるようになる（PwC 2014, 2-3）と述べている。

　米国のリスクマネジメント団体RIMSは，RAを組織がリスクと報酬のトレードオフの下に，1つまたは複数の望み，期待する成果のために引き受けるリスクの合計量と定義している。そしてRAは期待される報酬と込み入った形で関連し，それによって次第に変化するかもしれない（Crickette 2012, 3）と補足している。

3. 日本

　日本のコーポレートガバナンス・コード（2015年版，2018年改訂）はどうであろうか。上記に相当するのは，第4章取締役会等の責務，原則4-2に，「取締役会は，経営陣幹部による適切なリスクテイクを支える環境整備を行うことを主要な役割・責務の一つと捉え……」，とあるのみである。補充原則をみても，「適切な」に関する解説は見当たらない。企業がとるべきリスクの対象と量という発想が乏しいと思われる。「測定できないものは管理できない」という名言がある。経営行動のすべてを定量化できるわけではないが，量はもとより管理すべき対象すら主観的（不明確）でよいという曖昧な内容になっているのである。不祥事が発生した時，企業のトップあるいは政治家がしばし

ば「適切に対処したい……」と記者会見で述べているのと大差ないのではないだろうか。詰まるところ，RA に関して，バーゼル規制に対応しなければならない銀行以外は，あまり話題にしたくないのではないか，解釈の余地を残しておきたいのではないか，あるいは英米に比べて，そもそも意識が低いのではないかと疑われても仕方がないかもしれない。

4. 定義の整理

表8-1に，主な組織・機関の RA に関する定義を整理してみた。諸定義でポイントとなる事項は，(1) 組織目的達成のための行動であること，(2) リスクと収益はトレードオフの関係にあるとの認識，(3) リスクは量（程度）と性質（種類）の2軸で把握すべきこと，(4) リスクの受容は意思決定による積極的なものであること，(5) 取締役会および執行役員が決定すべき事項であること，があげられる。本章では，RA は「戦略的目的を達成するために，組織が進んで受容するリスクの量とタイプ（Type：類型・種類）」と定義する。RA は，リスクと収益はトレードオフの関係にあるとの認識の下，取締役会

表8-1 主な団体組織における RA の定義

	定義・補足説明
ターンバル報告書 英国（1999）	取締役が考慮しなければならいない要因として， • 会社が直面するリスクの性質と程度 • 会社が受容できるリスクの程度と範疇。
FRC 英国（2014）	取締役会は戦略的な目的を達成するために企業がとる主要なリスクの性質と程度を決定することに責任がある。
COSO 米国（2012）	組織が戦略的目的を追求するために進んで受容するリスクの量。
RIMS 米国（2012）	組織がリスクと収益のトレードオフの下に，一つまたは複数の望み期待する成果のために引き受けるリスクの合計量。
ISO Guide73 （2009）	組織が進んで追求または保有するリスクの量とタイプ。

出所：各団体のホームページから筆者作成。

および執行役員が戦略的に決定すべき事項と考えられる。

III リスクアペタイトと経営行動

1. リスクアペタイトに影響する諸要因

　RAは単独で決まるものではなく，以下の4つの諸要因，その他が考慮されて決定される（Rittenberg and Martens 2012, 4）。

① 既存のリスク側面（Existing Risk Profile：組織およびリスクのカテゴリーにわたるリスクの現行レベルとその分布）

② リスク受容力（Risk Capacity：目的達成のために組織が維持することができるリスクの量）

③ リスク許容度（Risk Tolerance：組織単位が特定の目的を達成するために受容可能なリスクのレベル）

④ リスクに対する態度（Attitudes Towards Risk：成長，リスク，報酬に対する態度）

　上記の関係を図示すると図8-1のようになる。

　リスク許容度は，組織目的およびRAとの間で相互に影響しあい，組織（単位）にとって受容可能な業績変動性（どこまでなら耐えられるか）という限界を

図8-1　リスクアペタイトに影響を与える事項

出所：Rittenberg & Martens (2012, 4) Exhibit1 をもとに作成。

設定し，組織行動を管理するものである（Rittenberg and Martens 2012, 11）。

2. リスクアペタイトと経営戦略

　経営戦略論は成功するための学問として捉えられている。定石に従うことによって成功する確率は高まると思われるが，成功を約束するものではない。植村修一は，東芝の会計不祥事（2015年春に発覚）に関しては，内部統制の不備や企業文化の問題が取り沙汰されているが，もともとは，事業戦略の失敗による業績不振からきている。また，VW（フォルクスワーゲン）のディーゼル排ガス不正も，北米市場での不振を何とか取り戻そうとの焦りから来たといわれている。その意味で，経営学で取り上げられる戦略論と，いわゆるリスクマネジメントの話は別ものではなく，両者は一体となって経営を形成する（植村 2016, 14-15）と述べており，筆者も同意するところである。事実，リスクと経営戦略は相互に絡み合っており，リスク管理の重要性は議論の余地がない。しかしながら，リスク管理へのインセンティブが低い（またはない）と感じるのは筆者だけではないようである。植村はその理由を，①リスクを考えると不安になる，リスクを考えるよりかは前向きなことを考えたいという，人間としての自然な欲求，②リスクの非対称性，すなわちリスクが現実のものとならず可能性のままで止まったとき，リスク管理が行われたことや，そもそもリスクがあったことすら忘れられやすい性質，リスクを管理する行為への評価がどうしても低くなりがちであること，③リスク管理を行うことはリスクをとらないことという誤った考え方があるから（植村 2016, 182-183）と指摘している。

　企業価値の創造とその保護の適切なバランスをとるために，会社は組織のリスクに影響を与える経営陣による実務と取締役会の戦略的リスク意思決定が整合的になるように，調整しなければならない（ERM 2014b）戦略的な目的と目標の設定，経営戦略の形成，業務・コンプライアンス・報告目的の設定，目的達成に関するリスク管理の意思決定の過程を通じて，RA は考慮されるべきである（図8-2参照，Rittenberg and Martens（2012, 5））。

図8-2 経営プロセスとRA

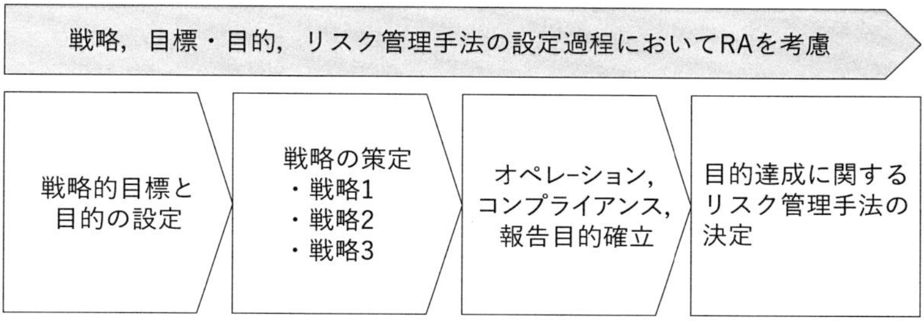

戦略，目標・目的，リスク管理手法の設定過程においてRAを考慮

- 戦略的目標と目的の設定
- 戦略の策定
  ・戦略1
  ・戦略2
  ・戦略3
- オペレーション，コンプライアンス，報告目的確立
- 目的達成に関するリスク管理手法の決定

出所：Rittenberg & Martens (2012, 5) Exhibit2 をもとに作成。

実際にRAを経営に取り入れるには，一般的に取締役会と執行役によってRAは「リスクアペタイト・ステートメント」(Risk Appetite Statement：RAS)という形に文書化され，組織内に伝達・共有されることによって，想定した範囲内のリスクになるように組織を導く必要がある。

3．リスクアペタイト・ステートメントとは何か

設定された目標とその達成にともなう報酬は人間のモチベーションに作用し，その行動に影響を与える。したがって，RAを反映した目標の設定と給与報酬制度の設計は重要であり，取締役会は実務から一歩離れた立場から，その策定，伝達，モニタリングの過程をとおして，必要に応じた改訂に責任をもつべきなのである。RASは決まった形式があるわけではないが，以下の3つの要素を含む必要がある（ERM 2014b）。

① 戦略上のリスク（受容できるまたはRA以内のリスク）
② 戦略外のリスク（RAの外側にある望まないリスク）
③ 受容されるリスクのフレームワークを提供する定義された媒介変数（戦略的，財務的，業務的なパラメーター）

企業は日々競争にさらされ，とくに上場企業の経営者は株主からの売上・収益に関する要求は大きなプレッシャーになる。ビジネスの現場は管理職を

はじめとしてKPIによってモニタリングされ，評価される[3]。そのような状況で業績をあげるために無理をすると，想定したリスク許容度や資本額に収まらない水準まで達してしまうことも考えられる。また，経済・社会・技術等の変化によって，戦略目標の実行にともなって生じ得るリスクの性質と許容できる量は変化するだろう。したがって，RAは一度決めたからよいというものではなく定期的に（1年に1回程度），RASを見直す必要がある。

4. リスクアペタイト・ステートメントの策定

　RASの策定には特定の手法が確立されているわけではなく，標準形，法定の記載事項，あるいは雛形も存在しない。実際，企業によって簡単な文章（パラグラフ）から何ページにも及ぶものまで様々であり，戦略目標の項目間でトレードオフの関係になることもある（Quail 2012, 25-26）。しかしながら，何もないと読者にとってRASの策定イメージが湧きにくいと思われるので，「あなたのリスクに関する選好を明確化する」（Quail 2012）という論考の方法論を，参考までに簡潔に紹介しよう。

①ステップ1：目標の明確化

　はじめに，CEO等の上級意思決定者（CEO等）は，各戦略目標を企業のミッション，ビジョン，価値観と突き合わせて，目標とするリスクアペタイトの状態を，表8-2上の評価等級・スケールを使って最も適合するものを選び明確化する。次に，各戦略項目の目標値をレーダーチャートに描く。数値が大きく領域が広い戦略項目はRAも高いことを表す。この段階は，アンケート調査または1対1で行われる。もっとも，巧みな進行役にリードされたワークショップ（リアルタイム・匿名で投票集計する機能付き）を行うと，他のメンバーの見解を探求することにより大きな学びがある。

　次に，図8-3を参照されたい。レーダーチャートの軸先には評価項目例がある。各項目軸には評価等級1（回避）から5（受け入れ）まで数値が刻まれて

---

[3] KPIと経営戦略との関係については，加藤（2019）を参照されたい。

表8-2 リスクアペタイトの等級表

	評価等級	考え方	選択肢
5	受入れ	十分に根拠のあるリスクをとる	失敗する可能性を受け入れつつも、最高のリターンを期待できる選択肢を選ぶ
4	柔軟	強く十分に根拠のあるリスクをとる	リスクのある選択肢をとるが、その影響を管理する
3	要注意	安全な引き渡しのための選択	利益がはるかに勝る時、リスクが限定的であれば、選択肢を受け入れる
2	最低限	極端な用心深さ	失敗の可能性／程度が限定的で、選択肢が必須の場合に限り、リスクのある選択肢を受け入れる
1	回避	「怯え」、リスク回避がコアな目的	常時、最もリスクの低い選択肢を選ぶ

出所：Quail（2012）図1から抜粋。

図8-3 リスクアペタイト：目標値と表出値の対比

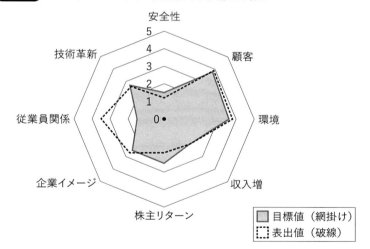

出所：Quail（2012）図表3をもとに作成。

おり，網掛け部分は CEO 等による評価，すなわち「目標値」を示している。

②ステップ2：表出値の評価

　経営陣（他の役員を含む）に同様の作業を相互に影響しあうようにしてもらう。表出されたアペタイトの領域は，図8-3上では破線で示されている。その作業の際，経営陣は，組織の方向性の設定，意思決定，業績モニターにおいて，意思決定者はどのようなリスクアペタイトを組織内に表明してきたのか，信じるところを自らに問うてみる。この事例では，目標値（網掛け）と表出値（破線）の間に，株主リターンと従業員関係において大きな乖離が認識された。かかる乖離は，望ましいアペタイトをともなう意思決定の組織内への落とし込みにとって有用な指標となり，コミュニケーション・資源配分・業績賞与・モニタリングなどの内部統制施策に反映させることができる。

③ステップ3：認知されたものの評価

　組織内の他の階層においても同様にワークショップまたはアンケート調査を実施する。その際，従業員に対して，戦略目標ごとに，会社全体としてリスクをとるというアペタイト（選好）の何を信じているのかを問う。つまり，会社から受信しているリスクをとることに関するシグナルである。リスクアペタイトの認知に関するあらゆるデータを集め，CEO 等による目標値と比較することによって，乖離がある項目に関しては施策を打つことができる。

　上記3つのステップは，組織の診断ツールとして利用することができ，理解・比較・リスク許容度・あらゆるコミュニケーション面において組織に恩恵をもたらすだろうと R. Quail は述べている。

　次に，RA を決定するのは，株主から監督を委託された取締役会であるが，組織（会社）を取り巻くステークホルダーの視点で RA に対する姿勢を検討してみよう。

IV　リスクアペタイトとステークホルダー

　RA を巡るステークホルダーの期待と利害関係を検討してみよう。ステー

クホルダーは多岐にわたるが，上場企業を前提として①株主，②役員，③従業員，④一般債権者，⑤顧客，⑥その他を順に考察する。

①株主

　株主は会社の所有者であるが，利益を受ける順位は他のステークホルダーに比べて後位にある。損益計算書をみれば一目瞭然であるが，製造業であれば，売上から製造原価（納入業者など債権者への債務，製造にかかわる従業員への給与等），販売費及び一般管理費（従業員・役員への給与，福利厚生費，家賃・通信交通費，広告宣伝費等），営業外費用（銀行への利子支払い，顧客や近隣住民への賠償金等），税金（国・地方）の支払いを済ませた当期純利益が基本的な株主への配当・自己株式の有償取得の原資となる。業績がよければ配当原資は増えることが期待されるが，悪ければ従業員や一般債権者に優先して支払われるので配当原資がなくなることもあり，万一，経営破綻すれば，株券は紙くず同然となる。なぜなら，株主を除くあらゆるステークホルダーに支払った後に配当を受け取る権利（剰余金配当請求権）だからである。株主の立場は，他のステークホルダーに比べてハイリスク・ハイリターンである以上，一定のボラティリティの範囲内で相対的に高いRAを設定することによってリスクテイクして，より高い収益を求める傾向がある。なお，株主はショートターミズムで投資活動を行う投資家と中長期に企業価値を高めることを目指す投資家が存在する。RAに関して真剣に向き合うのは後者であろう。

②役員

　株主から経営を委任されている役員（取締役・執行役員）は，報酬制度における業績連動型賞与等（インセンティブ）の割合が高いならば，基本的に株主とほぼ同じ立場をとると考えられる。一方，リスクを取り過ぎたがために業績が悪化して経営破綻あるいは解任された場合は職を失うことになる。非執行取締役，使用人兼務取締役および執行役員とは微妙に立場が異なることから，後述するRAの設定においては，牽制機能が働くかもしれない。

③従業員

　従業員をステークホルダーと位置付けることに関しては異論もあるかと思

われるが，法人たる会社と利害は必ずしも一致しない。従業員は，設定されたRAに基づいて日々の実務に従事する。企業文化と報酬制度・人事制度によるであろうが，挑戦を推奨する環境下では積極的に取り組まれ，そうでない場合，後述するリスク文化が健全に機能している企業では，管理職をとおして高すぎるRAに関して役員に是正を求めるかもしれない。なぜなら，業績向上時に享受できるメリットは一般的に役員よりも小さく，リスクをとり過ぎたがために業績が悪化して経営破綻した場合には職を失うからである。従業員はリスクとリターンのバランスを重視するであろう。

④一般債権者

銀行は約定した金利で融資を行うのであり，業績がよくなっても受け取る利息が増えるわけではない。一方，商品を納入する取引業者（債権者）は，発注者の業績が上振れすれば，取扱量は増える。ただし，売掛金という債権リスクも増大する。基本的に一般債権者は確実な債権回収を望むはずである。したがって，社内の役員・従業員とは基本的に立場が異なる。

⑤顧客

製造業であれば，企業が成功することによって経験効果が働き，製品価格が下がるのは歓迎すべきことであろう。一方，製造販売した商品に瑕疵があってケガをするなどの事態が生じた場合は，製造物責任を果たせる財務的な安定性が求められる。アフターサービスも同様である。サービス業では，たとえば英会話スクールが倒産した場合，サービスの継続的な提供が困難になるので，支払った入学金および前払い授業料が返還されない可能性が出てくる。

⑥その他

監督官庁，政府・地方自治体，NPO/NGO，地域コミュニティ，メディア…など，企業には様々なステークホルダーが存在する。基本的には，安定志向が強いステークホルダー群であるが，政府・地方自治体は企業の成長による税収と雇用の増加を期待するだろう。

以上の議論からわかるように，ステークホルダーによってRAに対する立

場と期待は異なり、利害が対立することも多いと考えられる。RA の設定と見直しに責任をもつべき取締役会は、株主の代表であることは議論の余地がないが、各ステークホルダーの立場を踏まえたうえで行動することが期待される。現実のビジネスの現場では多くの不祥事が発生し、取締役会の機能不全が指摘されるなか、どのような条件が揃えば、企業価値向上にむけたガバナンスが機能するのであろうか。実際、いくら RA を設定しても形骸化していては機能しない。筆者は、経営学のテーマとして企業文化に再び光をあてることが有効なのではないかと考えている。

V　リスクアペタイトと企業文化

　企業理念は、目的・価値観・態度・行動指針などを成文化したもので、3つの要素(将来像、企業使命、長期的目標)に分解できる。企業理念が全社員の日常的行動と態度に反映された実態が企業文化である(吉森 2008, 15)。「文化の本質とは集団で学習した価値観や信念であり、このやり方ならばうまくいくということが認められ、譲れないものになったものである。(…中略…)文化とは共有された暗黙の仮定のパターンであり、暗黙の仮定とは、外部に適応したり、内部を調整したりといった問題を解決する際に組織が学習した方法である」(Schein 2016, 訳書 26-27)。企業文化は組織に刷り込まれメンバーに共有されているものであり、人間には変化に対する「抵抗感」が存在することから変化しがたい性質をもつ。もっとも、組織のリーダー(取締役、執行役員)は、自身の価値観や仮定を組織メンバーに押し付け定着させることもできる。E.H. シャインは、企業のライフサイクルおよび環境の変化に対応していかに文化を変革すべきかについてその著作で述べているが、組織のリーダーは、組織のメンバーを募集・採用・昇進・退職・解雇する際の基準、組織のシステム・手順、人々や出来事に関する話題・伝説・逸話など(Schein 2016, 訳書 128-129)をとおして組織文化を変容させる、または結果として組織文化が変容することは十分に考えられる。

RAとの関係では、下位にあるリスク文化にも触れなければならないだろう。IRM (The Institute of Risk Management) は、リスク文化とは共通の意図された目的をもつ人々のグループ、とりわけ組織のリーダーシップと従業員によって共有されているリスクに関する価値観、信念、知識、理解と定義している (IRM 2012, 7)。また、組織全般にわたる文化と管理システムにおけるリスクと文化を形づくる道筋と考えられるべきであり、リスク・報酬・RAの間の橋渡しの役割を果たす (FRC 2016, 26) と考えられる。

FRC会長のWinfried Bischoff卿は、「企業文化と取締役会の役割」の序文で、規則と制裁は明らかに役割を持っているが、それ故に長期的に生産的な行動をもたらすことはないだろう。(…中略…) 健全な文化は (企業) 価値を守り生み出す。(…中略…) 強いガバナンスは健全な文化を支え、取締役会は役員会議室において望ましい慣行 (good practice) をはっきりと示すべきであり、ビジネス全体に望ましいガバナンスを推進すべきである (FRC 2016, 2) と述べている。すなわち、経営層の間でどのような「空気」が存在し (Tone at the

図8-4 企業文化との関係

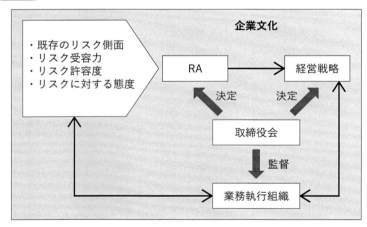

出所：筆者作成。

Top），組織メンバーのあらゆる階層にどのような「風」が吹いているのか（Tone from the Top）[4]，あるいは組織に組み込むのかに大きく依存しているといえよう。

図8-4を参照されたい。それぞれの企業には固有の企業文化（薄墨）があり，取締役会が決定するRAと経営戦略に影響を与えている。当然，監視対象である業務執行組織にも影響を与えている。RAは，前述したRAに影響する諸要因を基に策定され，経営戦略に反映される。また，業務執行組織・経営戦略・RAに影響する諸要因は相互に影響を与えている。

VI おわりに
——サステナブル経営を実行に移す1つの提案

本書の他の章では，SDGsおよびESGとは何か（what），誰・何に影響するのか（whom, which），どの国・地域の問題なのか（where）……，また経営における重要性や意義（why）など様々な議論が展開されている。本章ではRAを対象に，その定義と経緯，RAに影響を与える要因，経営戦略との関係，RAS，ステークホルダー間の異なる利害関係，企業文化とリスク管理を概観することによって，企業体として，実際SDGsおよびESGにどのように取り組むのか（how）という新たな視点を提起した。

事業における機会とリスクはコインの裏表の関係にあるにもかかわらず，リスクに関する議論を避ける傾向があるとすれば，果たして長期的視点でサステナブルに価値創造ができるであろうか。今後，グローバル競争に勝ち残れるであろうか。そもそも，本気でSDGsおよびESGに取り組むつもりなのであろうか。

---

[4] Toneは一般的に音調，音色などと和訳するが，本章の文脈では，Tone from the Topを経営層から吹いてくる「風」，Tone at the Topは経営層を支配している「空気」と意訳するほうがより自然な日本語になると判断した。なお，山本七平（1983）の名著『「空気」の研究』からヒントを得た。

RAは取締役会と執行役員，業務執行組織内の各階層，会社と投資家の間のコミュニケーションを促進するツールであり，共通言語である。同時に，何が大切であり，どこまでなら挑戦してもよいのか，決して越えてはいけない一線はどこなのか，ビジネス実務に携わる執行役員と従業員の「行動基準」となり得る。長期的な視点でサステナブルな経営を実行するために，RA（ERM）を経営に取り入れてみてはいかがだろうか。

[参考文献]

池内光久. 2008.『日英対訳用語集 保険・年金・リスクマネジメント』保険毎日新聞社.
植村修一. 2016.『リスク時代の経営学』平凡社.
大山剛. 2015.『リスクアペタイト・フレームワークの構築』中央経済社.
加藤晃. 2018.『CFO視点で考えるリスクファイナンス 顧客本位のコンサルティングセールス』保険毎日新聞社.
加藤晃. 2019.「SASBの提唱するサステナブル経営」『サステナブル経営と資本市場』日本経済新聞出版社.
中川照行. 2010.「英国における内部統制と内部統制監査―リーダーシップ・モデルへの展開―」『経営戦略研究』4.
林順一. 2015.「英国のコーポレートガバナンス」『スチュワードシップとコーポレートガバナンス―2つのコードが変える日本の企業・経済・社会―』東洋経済新報社.
吉森賢. 2008.『企業戦略と企業文化』放送大学教育振興会.
Committee of Sponsoring Organizations of the Treadway Commission (COSO). 2017. *Enterprise Risk Management -Integrating with Strategy land Performance- Executive Summary*.
Crickette, G., R. Demian., C. Fox., H. John., J. Makomaski., R. Mazumdar and R. McGuire. 2012. *Exploring Risk Appetite and Risk Tolerance*. RIMS.
ERM Initiative Faculty. 2009. Getting Risk Appetite Right. COSO.
ERM Initiative Faculty. 2010. Balancing Risk Appetite and Strategy Execution. COSO.
ERM Initiative Faculty. 2013. Demystifying Risk Appetite. COSO.
ERM Initiative Faculty. 2014a. Understanding Risk Appetite Right. COSO.
ERM Initiative Faculty. 2014b. Risk Appetite : A Conversation of Governance. COSO.
ERM Initiative Faculty. 2015. Integrating Sustainability with Enterprise Risk Management. COSO.
Financial Reporting Council (FRC). 2010. The UK Corporate Governance Code.
FRC. 2012. The UK Corporate Governance Code.
FRC. 2014. The UK Corporate Governance Code.
FRC. 2016. The UK Corporate Governance Code.

International Organization for Standardization (ISO). 2009. *GUIDE 73 Risk management -Vocabulary*.
Institute of Risk Management (IRM). 2012. *Risk culture Under the Microscope Guidance for Boards*.
PwC. 2014. Board oversight of risk : Defining risk appetite in plain English.
Quail, R. 2012. DEFINING YOUR TASTE FOR RISK. CORPORATE RISK CANADA.
Rittenberg, L. and F. Martens. 2012. Understanding and Communication Risk Appetite. COSO.
Schein, H. E. 2009. *The Corporate Culture Survival Guide*. John Wiley & Sons, Inc. (尾川丈一監訳. 2016.『企業文化ダイバーシティと文化の仕組み』白桃書房).
Toney, R. 2015. *Integrating Sustainability with Enterprise Risk Management*. COSO.
The Institute of Chartered Accountants in England & Wales. 1999. *Internal Control Guidance for Directors on the Combined Code*. The Institute of Chartered Accountants in England & Wales.

column 8　今一度企業における IR を考える

　IR 活動は，企業において定着しているようにみえた[1]が，コーポレートガバナンス・コード（以下，CG コード）が発表された際に，IR は企業に「浸透」していない，あるいは，表面的な意味でしか理解されていないことが推測できた[2]。IR 部門自体の企業のなかでの地位は低いのではという危惧である。当コラムではその問題点を整理したい。

| 1 | 日本企業に馴染みがなかった Comply or Explain

　東証による 2017 年 7 月 14 日の報告によると，CG コードにおいて，9 割以上をコンプライしている会社は 88.9％である。これは，相当高い数字だ。2 年前の同調査によると，78.8％であったので，実際，コンプライすることを目標としている企業が多かったと推測する。

　これまで，日本の法律は，ルール・ベース[3]できたので，CG 報告書において，説明すれば遵守することはない，という規定が日本企業にとって，理解を超えてしまったのだろう[4]。

　実際，形式的にコンプライしている例が散見する。たとえば，取締役会の実効性評価において，コンプライを目指すためか，表面的なアンケート調査

---

[1]　日本 IR 協議会による第 25 回「IR 活動の実態調査」（2018 年）によると，IR 活動をしている企業は，回答企業数 1006 社のうち 97.5％であった。
[2]　上記同による第 23 回「IR 活動の実態調査」（2016 年）によると，CG 報告書を「IR 部門が主導で協議・作成できた」は 25.3％，また，「IR 部門は投資家・株主の目線を反映させることができた」は 24.3％というようにガバナンスに関する関与が低いといえる。なお，回答企業数は 983 社である。
[3]　チェックボックスにそってチェックしながらルールを遵守すること。
[4]　日本 IR 協議会第 23 回「IR 活動の実態調査」（2016 年）によると，CG 報告書の作成に当たって苦労したこととして，「ルール・ベースではなくプリンシプル・ベースだったので経験も無くつかみどころが無かったこと」が 32.7％あった。

表　取締役会の実効性に関する企業比較

■IR・ガバナンスへの取り組みに積極的な企業ほど自社の取締役会に対して厳しい評価を下している
■IR・ガバナンスへの取り組みに積極的な企業ほど，より具体的な評価結果を開示している（積極的でない企業は，大きな問題点を指摘せず簡潔な記載が中心である）

企業グループ	外国人持株比率	ROE（過去3年の平均）	社外取締役の比率	CG報告書の評価箇所の記載文字数
I	33.7%	9.8%	43.3%	374
II	12.6%	6.7%	24.4%	341

評価項目	I グループ平均	II グループ平均
取締役会の役割・機能	3.3	3.4
取締役会の規模・構成	3.8	4.1
取締役会の運営	3.2	4.0
監査機関等との連携	3.1	4.0
社外取締役との関係	3.2	3.8
株主・投資家との関係	2.9	3.7

● IRやガバナンスに関して過去5年間において受賞歴がある企業をIグループ，それ以外をIIグループとしている

出所：「取締役会評価の現状分析と今後の課題」『商事法務』2152号（2017年12月5日号）調査対象企業は96社，対象となる役員総数は671名。

で済ましていることがうかがえる。みずほ信託銀行とジェイ・ユーラス・IRとの調査[5]によると，IRやガバナンスに熱心でない企業ほど，「アンケート結果が甘く」，「実効性が概ねある」という結論に至っている。なお，IRやガバナンスに熱心な企業は，ROEも社外取締役の取締役会における比率が高く，また，CG報告書の実効性評価においての字数も多いことが確認できた（上表）。すなわち，IRやガバナンスの意識の高い企業は取締役会においても真摯な姿勢があることがわかる。

---

5) 岩田宜子・森央成・磯野真宇．2017．「取締役会評価の現状分析と今後の課題」『商事法務』2152。

2 IR部署は面倒な株式市場のことを任されるポジション

　経営にとって，資本市場でいわれることへの理解がむずかしいこともあるだろう。また，経営の本筋をみないで，株価を上げろ，配当を増やせといった声に面倒だと思う経営者も多いことだろう。当面資金調達をする必要がないならば，いっそ，非上場を考える企業もあっておかしくない。しかし，このことは，別に，日本企業に限ったことではない。欧米の企業のトップも，株主や株式市場にうんざりしている例はたくさんある[6]。

　ただ，違うのは，欧米の企業の場合は，「しょうがない」として付き合いを続けていく，日本企業の場合は，「煩わしい」として，なるべく投資家・株主とのコンタクトは避ける。よって，前者は，株式市場と戦略的に付き合う，後者は，IR担当者に任せてしまう，という行動の違いとなったのではないだろうか。

3 経営と，ほど遠いIR

　上述のようなことがあるので，日本企業におけるIRの仕事は，経営と離れた，あるいは，孤立した存在になったといえよう。たとえば，以下の質問が投資家からあった場合，IR担当者は答えられるであろうか[7]。経営・取締役会と密接な位置にいないと，どこまで企業として答えられるかの判断すらもできないだろう。

- ✓ ガバナンス体制を変更後，経営するうえで，最も大きな影響を与えたのは何か
- ✓ 社外取締役の構成を変更することで，取締役会にはどのような変化が

---

[6] たとえば，2018年夏，米テスラ社のCEOイーロン・マスク氏が業績の未達になることによる株式市場の動きにうんざりし，ツイッターを使って非上場化を匂わせた。その行為に関し，SECが訴えるなどの騒動が起きた。

[7] なお，これは実際に海外の投資家からあった質問である。

あったか
- ✓ ガバナンス体制の変更によって，5～10年後にビジネスをよりよくすることに変えることができると思うか

4 差別化しないと「勝てない」IR

　一方，株式市場も異変が起きている。モーニングスターの調べによると，ETFやインデックス運用ファンドへの資金の流入が止まらず，アジア株に特化すると，なんと株式運用額の47.6％がパッシブ運用とのことである。

　アクティブ運用を手掛ける運用機関は，新規銘柄への投資に慎重である。そのため，買い増しを促すIR活動を進めなければならない。つまり，IRの対象投資家が少なくなっておりその争奪戦が始まっているのだ。そのようなことを認識せず，通り一遍のIRをやっていると他の日本企業やアジア企業に負ける。IR活動自体意味がなくなる。他社よりはっきりわかる自社の優位性と，株主として安心・信頼のできるガバナンス体制を徹底的にアピールしなければ持ち続けたい銘柄とは思われないだろう。

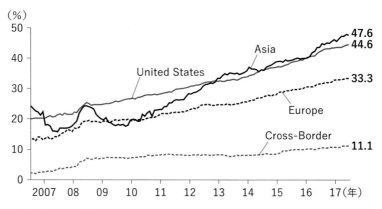

図　Percentage of Assets in Passive Funds, Equity
（株式投資におけるパッシブ運用の比率）

出所：Morningstar DIRect。

四半期決算の開示，足元から算出する中期経営計画，高配当を望む声高の投資家の存在というように，日本企業の経営の視点も短期的になってしまっている。この背景にはIR担当者をとおして短期的に大きな運用成績を出したいと考える投資家のみの声が経営者に届いていたからではないだろうか。IRを企業主体で経営とともに考えていたら，このようなことに陥らなかったのではないか。IRは投資家とコンタクトするというツールではない。経営とともに戦略を練るものである。このことが資本市場で，「勝てる」あるいは「選ばれる」企業といえよう。そのよい循環をつくっていくことがIR担当者の仕事であり，経営・取締役会としての責務である。

　ところで，先般，興味深い話を拝聴する機会を得た[8]。作曲家の三枝成彰氏によると，欧州には麦文化，アジアには米文化があるという。前者は作付する土地を数年ごとに変えなければ麦は育たない。一方，米は，水さえ引くことができれば，未来永劫同じ土地で作付できる。その結果，音楽の世界では，古典派から，「変えなければならない」ということで，「ロマン派」が生まれ，そして，「新ロマン派」というように変遷してきたという。米文化の日本では，雅楽が代表のように評価されるのは「変わらないこと」である。さらにいうと，「変わらないことをいかに死守するか」ではないだろうか。このことは，企業においても同じではないだろうか。欧米の企業は，「変化」することが期待される。前任者と同じことをする者は「能力がない」と判断される。日本企業は，前任者の仕事を支障なく行うことを評価される。経営トップの退任のあいさつに，「在任中大過なく過ごせて」というのをよくみかける。もちろん，企業文化を死守するという姿勢であるならば，堂々とCG報告書でエクスプレインし，IRの現場でアピールしていけばいい。変化し続けなければ，企業経営を，また，IR活動を「レイジー（怠慢）」しているといわれることは免れない。

---

[8] 2018年9月25日サントリーホールでのTDKオーケストラコンサートレセプションにおける檀ふみ氏との対談において。

第 9 章

開示と対話を企業価値につなげるベストプラクティス

I はじめに

　IR（インベスター・リレーションズ）という言葉が世に出て久しい。筆者が所属する日本IR協議会は，2018年に設立25周年を迎えた。設立当初，IRは「財務広報」と訳され，活動は年1回の本決算発表程度にかぎられていたが，金融ビッグバンやITバブル崩壊，敵対的買収の頻発などを背景に，徐々に取組み幅が拡大している。そして世界的金融危機を経て，中長期視点の経営と投資が重要視されるようになり，「ダブル・コード」の導入などが後押しして，企業と株主・投資家との対話の場が広がってきた。

　25年（四半世紀）という時間は長いようで短い。全米IR協会（National Investor Relations Institute：NIRI）は2019年に設立50周年を迎えるというから，日本のIRの歴史はまだその半分程度にすぎない。ただ日本は，経済のグローバル化のなかで多様な国々と接して学ぶことにより，独特のスタイルをつくりあげてきた。長期ビジョンを公表し，中期経営計画を策定して決算発表ごとに進捗状況を語るといった丁寧なIR活動は，米国発の四半期決算を継続するとともに，欧州がはじめた非財務情報開示やステークホルダーとの対話を取り込むという，日本の柔軟な姿勢の表れといってよいだろう。

　一方，25年の間に拡大してきたIR活動は，転換期を迎えているともいえる。たとえば時間軸の考え方である。2018年4月に施行されたフェア・ディスクロージャー・ルール（Fair Disclosure Rule：FDルール）の導入の背景には，

短期的な業績予想に過剰に反応する資本市場と，経営目標達成のプレッシャーにさらされる経営者の存在があった。これを踏まえて中長期の企業価値分析や投資判断に資する情報とは何か，対話では，どこに着眼して何を目指すべきか，これまで開示してきた情報で継続すべきものは何か，などを改めて考え，開示と対話に臨む時代を迎えている。

IRをさらに発展させるには，基本を確認しつつ，変革を進めていくことが不可欠である。これまでの研究から，情報開示は資本コストの低減に貢献することが証明されているが，それはIRの一部である。本質は双方向のコミュニケーションであり，対話が企業価値向上をもたらすことを証明できれば，日本企業や資本市場への評価も高まるに違いない。

本章では，日本の上場企業を対象にした「IR活動の実態調査」結果と「IR優良企業賞」審査結果，さらにIR優良企業の活動事例や審査にかかわったアナリスト・投資家などの意見などを活用して，開示と対話のベストプラクティスを追求していく。

「ダブル・コード」に対応し，急速に開示と対話体制を整えた企業と投資家のなかには，ゆがみのようなものが生じているところもある。中長期視点での企業価値向上と経済の持続的成長を目指すためにも，ベストプラクティス，すなわち実態に即した自発的な取組みが求められている。

II 日本企業のIR変革

1. 金融危機（リーマン・ショック）後のIR活動

2018年は，いわゆる「リーマン・ショック」とよばれる世界的な金融危機から，ちょうど10年目にあたる。危機直後は市場流動性が著しく低下し，企業経営においても財務の健全性が最優先されたが，世界景気が回復するとともに業績は回復に向かった。近年は，過去最高益を達成する日本企業も少なくない。その10年間の軌跡を振り返り，どのような変革が起きたか確認しておく。

第9章 開示と対話を企業価値につなげるベストプラクティス

　金融危機は，資本市場の信頼性をも揺るがした。証券アナリストや機関投資家は，行き過ぎた短期志向を見直し，中長期視点で投資するための態勢づくりを求められるようになった。世界的な金融緩和のなか，2012年に成立した第2次安倍政権は，日本企業の「稼ぐ力」の回復にむけてコーポレートガバナンスの強化を第一の柱に掲げ，2014年に日本版スチュワードシップ・コード，2015年にコーポレートガバナンス・コードを策定することで，金融・資本市場を通じて企業経営に規律を働かせ，経営者による前向きな判断を後押しする仕組みを導入した。こうした施策を背景に，投資家が重視するROE水準も上昇している。東京証券取引所の調べでは，日経平均225採用企業においては4.5％（2009-2012年平均）というレベルが，8.8％（2013-2017年平均）にまで上昇している。こうして財務の健全性が担保されたことから，積み上げた現金を株主還元や戦略投資に活用することへの期待も高まっている。

　リーマン・ショック後の株価や株式時価総額の上昇幅も，2007年12月末を100とすると，日経平均株価は149，株式時価総額も130まで上昇した。この傾向を維持し，日本経済を持続的に成長させることが政権の課題であろう。

　この10年間の「IR活動の実態調査」結果を追ってみると，いわゆるアベノミクス効果を背景に，積極的に投資家と向き合う企業が広がったことがうかがえる。たとえば①2012年以降にIR部門を強化した企業が増加，②ウェブサイトを通じた情報開示，とりわけコーポレートガバナンスに関する情報開示が進展，③取締役会などでIR担当役員などが報告する機会の拡大――といった特徴が読み取れる。

　金融危機後のIR活動の積極化を，コーポレートガバナンス・コードをはじめとする政府の施策が後押ししたことは間違いない。ただコード対応に注力するあまり，姿勢が受け身的になったり形を整えることにとどまったりする企業も存在する。けれどもIR活動は，本来，企業が自発的に取り組み，それぞれの「ベストプラクティス」を追求していくものである。その考え方

で2つのコード（ダブル・コード）の意義を踏まえ，情報開示と対話の質を高めて企業価値向上につなげることが，真のIRの変革であるといえよう。

2. ダブル・コードの意義を踏まえたIRと課題

コーポレートガバナンス・コードは上場企業，日本版スチュワードシップ・コードは機関投資家向けの行動規範であるが，各々が目指すところは重なっている。共通の目的である持続的成長と中長期の企業価値向上にむけて，お互いが「協働」するという姿勢が重要である。

上場企業と機関投資家を結ぶのが，目的をもった建設的な対話である。ダブル・コードの意義を踏まえたIRの変革とは，この対話と，ベースとなる情報開示の質を高めることを指すといえる。

それでは，どのような活動が求められるのであろうか。まずダブル・コード導入時期の2015年から2018年の「IR活動の実態調査」結果を追ってみると，図9-1のように毎年IR実施企業の40％強が「アナリストや機関投資家の行動や質問に変化がみられる」と回答し，その数も年々増えている。

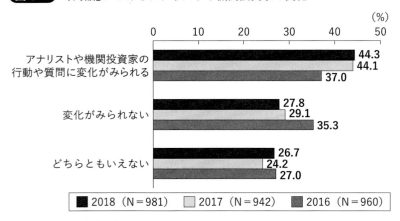

図9-1　「対話」におけるアナリストや機関投資家の変化

	2018 (N=981)	2017 (N=942)	2016 (N=960)
アナリストや機関投資家の行動や質問に変化がみられる	44.3	44.1	37.0
変化がみられない	27.8	29.1	35.3
どちらともいえない	26.7	24.2	27.0

出所：日本IR協議会「IR活動の実態調査」。

第9章 開示と対話を企業価値につなげるベストプラクティス

　具体的なアナリストや機関投資家の変化としては，ESGなど非財務情報に焦点をあてたミーティングの申し込みや株主総会の議決権行使の結果説明，ROEなど資本生産性向上に関する質問の増加などである。これに対し，企業も統合報告書の内容を充実させる，株主である機関投資家とのミーティングを強化する，といった活動を増やしている。

　こうした変化を反映して2018年の「IR活動の実態調査」結果には，大きく①非財務情報を企業価値に関連付けて対話を深めようとする意識，②FDルールの導入を機にした情報開示の充実や情報開示方針の策定，③ダブル・コードに組み込まれた資本政策の公表や資本コストを意識した説明への取り組み――という3つの特徴が表れている。これらの取組みを継続し，深堀りしていくことが，開示と対話の質を高め，IRを変革するカギといえる。

　第一に非財務情報を企業価値に関連付けて対話しようとする取組みについては，そうした情報をアニュアルリポートや統合報告書などを活用し，広範囲にむけて開示する企業が広がっている。

　しかし課題もある。「非財務情報（含むESG情報）の開示に関する課題や懸念」（図9-2）として最も回答数が多かったのが「非財務情報（含むESG情報）を企業価値と結びつけて開示・説明すること」である。多岐にわたる非財務情報を整理し，できるだけ定量的に経営指標などと結びつけて説明するIR活動が，開示と対話の質の向上に欠かせない要素であるといえる。

　第二にFDルールの導入を機にした情報開示の充実については，日本IR協議会が2018年2月に公表した「情報開示と対話のベストプラクティスに向けての行動指針～フェア・ディスクロージャー・ルールを踏まえて～」（開示と対話のベスプラ指針）に沿って取組みが始まっている。「ベスプラ指針」の柱は4つの基本原則を柱として望ましい行動を示しているが，【基本原則3】の「情報アクセスの公平性向上」，【基本原則4】の「コーポレート・ガバナンス推進の一環としての情報開示方針（ディスクロージャーポリシー）の策定」に即した取組みが比較的進んでいる。

　課題の1つは，FDルール導入後，アナリストや投資家から，より建設的

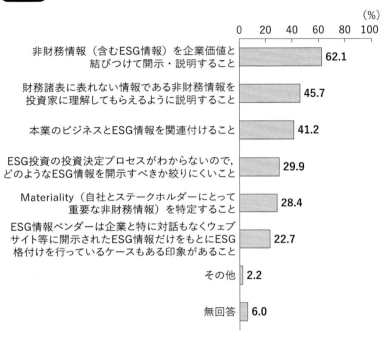

図9-2 非財務情報（含むESG情報）の開示に関する課題や懸念

出所：日本IR協議会「IR活動の実態調査」2018年版。

な対話にむけて開示は「縮小均衡」ではなく「拡大均衡」の方向に進むべきという声があがっている点である。これまでアナリストを通じて市場に伝えてきた情報，たとえば月次情報などをウェブサイトなどによって広範囲に開示し，中長期視点での企業価値の適正な評価にも役立ててもらう，といった姿勢が求められている。

　第三に資本政策の策定・公表や資本コストを意識した説明については，年々実施企業が増加している。資本政策を「策定し公表している」がIR実施企業の45.8％（前回35.6％）と上昇し，自社の資本コストの水準を認識している企業の割合は49.0％（同44.0％）とほぼ半数まで増加した。また，自社の

資本コストを認識している企業のうち66.5%（同65.6%）が，エクイティ・スプレッド（= ROE －株主資本コスト）を意識していると回答した。

　課題としては，資本コストの算出法は様々で，数値に固執しすぎると本質的な議論をしにくくなる点である。大切なのは，資本コストを踏まえて資金の活用方針を定めたり，実際に事業ポートフォリオの再構築に取り組んだりすることであり，そうした方針を社内外で共有し，実際の取組みについて率直にディスカッションする場を設ける IR が望ましいといえる。

3. 課題に対応する企業と未対応の企業に対するアナリスト・投資家などの評価差

　ではダブル・コードを意識した IR 活動にむけて，開示と対話の課題に取り組む企業を，アナリストや機関投資家などは，どのように評価しているのだろうか。日本 IR 協議会が選定している「IR 優良企業賞」（2017年度）の審査結果を活用して開示と対話の課題への取組みが進んでいる企業と，これから取り組む企業の IR 評価を比較してみた。

　IR 優良企業賞の審査は3段階で行われる。本項では，一定レベルの IR 活動を実施していると第1次審査で評価された応募企業を対象にアナリスト・投資家などが8項目にわたって採点する第2次審査の評価を「IR スコア」とよび，課題への取組み度合いで IR スコアに差がでたものを報告する（表9-1）。

　第1に IR 活動の実態調査で「ダブル・コードを意識した対応の課題」を認識し，取り組んでいる活動を回答した企業のうち「IR 優良企業賞」に応募した企業の IR スコアを，課題対応していない企業の IR スコアと比較すると，対応している企業は69.6点，対応していない企業は68.6点であり，比較的差は小さい。

　第2に対話にむけての非財務情報を開示している IR 実施企業の IR スコアを，開示していない IR 実施企業のスコアと比較すると，全般的に開示している企業のスコアのほうが高く，差が大きい。とくに「事業戦略の強化

表9-1 開示と対話の課題取り組み度合いによるIRスコアの違い

		課題対応企業の平均IRスコア	課題未対応企業の平均IRスコア	対応企業と未対応企業との点差
ダブル・コードの課題対応	ダブル・コードの課題への対応	69.6	68.6	1.0
非財務情報の開示	企業理念，経営ビジョン	68.8	70.0	−1.2
	ビジネスモデル（付加価値を生み出すドライバーなど）	69.7	66.3	3.4
	持続的成長に向けた取り組み（ESGに対する認識など）	69.8	66.1	3.7
	リスク認識とそのマネジメント	69.0	67.3	1.7
	事業戦略の強化（SDGsの意識など）	70.5	66.0	4.5
	多様な資本を活用して得た価値を評価する仕組み（KPIの設定など）	70.4	66.1	4.3
	コーポレートガバナンスによる規律付け	69.7	65.6	4.1
FDルール対応	【基本原則1：法令に基づく一貫した情報開示姿勢】に関する体制の有無	70.2	67.6	2.6
	【基本原則2：建設的対話の促進】に関する取り組みの有無	69.8	67.2	2.6
	【基本原則3：情報アクセスの公平性向上】に関する取り組みの有無	69.2	68.2	1.0
	【基本原則4：コーポレート・ガバナンス推進の一環としての情報開示方針（ディスクロージャーポリシー）の策定】に関する取り組みの有無	69.2	68.1	1.1
資本政策の公表・資本コスト意識	資本政策を策定して公表	70.2	63.6	6.6
	資本コストの水準の認識	70.0	65.4	4.6

出所：日本IR協議会「IR優良企業賞」審査結果（2017年度）。

(SDGs の意識など)」は，差が 4.5 ポイントに広がっている。

　第 3 に FD ルールに対応している企業と，まだ体制を整えていない企業の IR スコアを比較すると，基本原則 1 から 4 のいずれも対応している企業のスコアのほうが高い。とくに【基本原則 1】に即して情報開示体制を整えている企業と，まだ決めていない企業との差は 2.6 ポイントと大きかった。

　第 4 に資本政策を策定・公表している企業と策定していない企業の差は 6.6 ポイント，資本コストを認識している企業とそうでない企業との差は 4.6 ポイントと，きわめて大きかった。

　こうした結果からは，開示と対話の課題に取り組む企業は，とくに非財務情報開示やフェア・ディスクロージャー，資本コストの意識という評価項目においてアナリスト・機関投資家の IR 評価が高いことが読み取れる。一般的に「IR 優良企業」は先進的に課題に対応し，IR 評価もきわめて高いことが知られている。その「IR 優良企業」の株式時価総額の平均値をとってみると，東証 1 部上場企業の平均値と比べて高く，中長期で上昇していることも明らかになっている。このことから開示と対話の質を高めて IR 評価を得ている企業は，中長期の投資リターンの向上も期待できるといえるのではないだろうか。

Ⅲ　IR優良企業の活動事例

1. IR優良企業の活動事例と課題

　それでは「IR 優良企業」に選ばれた企業は，どのような活動が特徴的なのであろうか。本項では，IR 優良企業の活動事例を報告し，市場で高い評価を得ている要因を探っていく。2017 年度に IR 優良企業大賞を受賞したコマツ，同特別賞を受賞した不二製油グループ本社の活動を，「IR 優良企業講座」（コマツ，2018 年 3 月 23 日開催），「IR 基礎講座」（不二製油グループ本社，2018 年 3 月 27 日開催）での講演内容をベースに筆者の私見をまじえて紹介したい。

（1）コマツ

コマツは建設機械や産業機械を製造するグローバルな企業である。2018年3月期の業績は売上高2兆5011億円，当期利益1964億円であり，過去5年間の売上高営業利益率およびROEも10％程度と安定している。

①IR活動の実際

コマツのIRは「企業価値＝すべてのステークホルダーからの信頼度の総和」という基本理念のもと，「トップマネジメントによるステークホルダーとの直接のコミュニケーションを重視」「社外に対して適切な情報開示によりサプライズをなくす」「社内に対してはグループ全体の進むべき方向・課題の共有」の3点を基本スタンスとして活動している。

IR活動の推進体制は，社長と副社長（CFO）2名が責任者であり，実務は，経営管理部IRグループとコーポレートコミュニケーション部が担っている。IRの実務担当者は，IRグループの5名とコーポレートコミュニケーション部で個人株主対応をしている2名の計7名である。IR活動では，決算説明会や個人投資家説明会などをはじめとする説明会やミーティングなどを網羅的に実施し，計画的に年間の活動に取り組んでいる。

近年，力を入れているのはESGに関する取組みである。コマツでは，2016年4月に3か年の中期経営計画（中計）を公表し，そのなかで「社会からの要請に応える活動を，2006年に策定した『コマツウェイ』をベースにして，E（環境）/S（社会）/G（企業統治）の各分野でさらに強化推進していく」と表明した。その内容や進捗状況を株主・投資家にきちんと伝えていくことが重要であると考え，2016年12月から「ESG説明会」を開催している。

第1回の2016年は，E（製品の使用によるCO_2排出量削減），S（本業を通じた社会的課題の解決），G（コーポレートガバナンスとグローバルマネジメント）の各項目について，それぞれのテーマを管掌する常務執行役員がスピーカーとして登壇し説明を行った。第2回目の2017年は，1回目よりも具体的な個別テーマを織り込み，中計におけるESGの進捗状況の報告のほか，深掘りしたテーマとして，グローバルチームワークと対人地雷処理を通じた社会貢献活動に

ついて説明した。またSDGs（持続可能な開発目標）の169のターゲットを1つずつコマツのCSR重点活動に照合して関係性を検証し，SDGsの目標8，9，11，13，17がCSR重点分野と関係深いことを明示した。

②IR活動の特徴

コマツのIRの特徴は，基本理念をベースに活動している点である。よりどころとなる「コマツウェイ」は，①コーポレートガバナンスの充実，②モノづくり競争力の強化，③ブランドマネジメント――という3本柱で構成されている。このうち取締役会の活性化や経営の品質と信頼性を支える「コーポレートガバナンスの充実」におけるトップマネジメントが取り組むべき5項目のなかに，IR活動と密接に関連する「全ステークホルダーとのコミュニケーションを率先垂範」がある。そのためコマツでは社長や副社長（CFO）だけにとどまらず，関係会社の経営トップや海外現地法人の代表者などもトップマネジメントとして全ステークホルダーと積極的にコミュニケーションを行うことが必要とされ，コマツウェイの「コーポレートガバナンスの充実」を図るために，自らが率先して取り組むよう受け継がれ定着してきている。

また「継続性，一貫性，そして改善という当たり前の活動」という姿勢でステークホルダーの信頼度の向上を目指してフェア・ディスクロージャーにも努めている。

③IR活動への評価

コマツは2010年度と2017年度の2回「IR優良企業大賞」を受賞している。IR優良企業大賞は，IR優良企業賞を3回受賞することが必要なため，2007年，2008年，2013年，2016年にはIR優良企業賞を受賞している。2回大賞を受賞した企業はコマツがはじめてである。

この受賞歴が示すように，コマツのIRスコアは常に高く，安定している。2007年から2017年までの10年間のコマツの平均点は81.1点と，この間に第2次審査に進んだ企業の平均点69.8点を大きく上回る。

第2次審査を担当した専門委員（アナリスト，機関投資家など）からのコメントは，コマツが重視する「継続性，一貫性」を評価するものが多い。たとえ

ば「事業環境の良し悪しに関わらず、一貫した開示姿勢（イベントの頻度、トップの関与度合いなど）を維持している」(2017年)、「事業環境に不透明感がある中でも、中長期的な戦略を社長自らが丁寧に説明している」(2016年)、「よく練られたIR方針に沿った、（需要環境が厳しい中でも）ぶれない、一貫した行動・姿勢。この点がトップ、経営陣、IRチームで共通して浸透しています」(2015年)といったコメントである。2016年からはじめたESG説明会については、「コマツの理念が理解でき、企業としてのサステナビリティについての確信度が高まった」(2017年)といったコメントが寄せられている。

④サステイナブル経営にかかわるIR活動の課題

課題には、多様な投資家の視点を踏まえ、ESGの取組み度合いを示す指標や事例を充実させていくことがあげられる。

コマツがESGへの取組みを中期経営計画に組み込んだのは2016年だが、2010年にCSR活動を「コマツの強みが活かせる事業活動そのもの」と位置付け、「本業を通じて、社会の要請に応えていく」ことを公言している。たとえば2017年開催のESG説明会で説明した対人地雷処理は、地雷が残る地域に建機を貸与する社会貢献活動であるが、地雷を撤去した後の道路建設や施設の建築などは、コマツの事業活動に直結する。事業の現場に根付いた地道な活動は、ブランドイメージにも貢献するといえる。

しかしESG投資を実行する投資家の評価軸は様々で、分析の手法も多岐にわたる。また海外のグローバル企業のESGへの取組みや海外機関投資家の着眼点も反映していかないと、高い評価を得るのはむずかしいかもしれない。ESG説明会に出席した投資家からの意見などを社内にフィードバックし、回を重ねても発見が得られるような体制を整えていくことが重要である。

(2) 不二製油グループ本社

不二製油グループ本社は、2018年3月期の売上高3070億円、営業利益204億円、当期利益137億円という業績で、過去5年間増収増益を続けている。業務用チョコレートやマーガリンなど製菓・製パン素材が伸びていること、

売上高に占める海外比率が40％と高レベルであることが特徴である。

①IR活動の実際

　不二製油グループ本社のIR活動は，資本市場との積極的・建設的な対話と，対話を通じて得られた情報を経営に反映することにより，適正な企業価値の構築と株価のボラティリティ抑制を目的にしている。

　IRの責任者はCEO，CFOであり，株主・投資家と対話する機会も多い。広報・IRグループの3名が経営陣をサポートし，決算説明会ではCEOが長期視点，CFOが定量情報，最高経営戦略責任者（CSO）がエリア戦略を語るという形にしたところ，投資家からは「CEO，CFO，CSOの役割が明確でよい」という評価を得た。CEO，CFOがアナリストや投資家と面会する機会も222件にのぼっている。また投資家ニーズに応じて社外取締役ミーティング，チョコレート戦略説明会，日本事業説明会，ブラジル事業説明会，財務戦略説明会……といったイベントも活発に開催している。

②IR活動の特徴

　14年に清水洋史社長が就任して以来，IR活動の進展が目覚ましい。18年にははじめて統合報告書を作成し，「不二製油グループのESG経営」などを説明している。サステイナブル経営に関連する内容としては，事業を通じて社会に貢献するためのCSR重点領域を特定し，それぞれの2020年の目標を明示してSDGsとも紐付けた。また製品の基幹原料として重要なパーム油を，人権や環境を鑑みてどのように調達しているか，丁寧に報告しているところも特徴的である。近年はESG委員会が重要課題を取締役会に提言・具申することにより，ESG（環境・社会・ガバナンス）に関する包括的な取組みを行っている。

③IR活動の評価

　不二製油グループ本社は2017年度IR優良企業賞特別賞を受賞している。2016年度までは第2次審査に進めなかったが，2017年度は審査対象になり，IRスコアは77.6点と第2次審査対象企業の平均点69.5点を大きく上回った。評価コメントも「マネジメント層全体が一体となって取り組んでいる」「情報

開示に積極的でIRへのアクセスも良い。施設見学など，事業の理解を図る試みに積極的」といった開示と対話姿勢に対するものに加え「責任あるパーム油調達方針の公表」と，ESG経営に関する開示も評価されている。

④サステイナブル経営に関するIR活動の課題

IR活動が急速に進展したこともあり，基盤となる組織・体制づくりが課題である。売上高に占める海外比率は40％と高い一方，外国人株主比率は19.3％（2017年9月期）と東証上場企業の平均値を下回っているため，海外機関投資家を対象とするIR活動も重要になる。近年の業績向上を反映して株価が上昇しているため，原料価格上昇などの外部要因次第で，株価が急落するリスクもある。持続的に成長する力をIRで示し，中長期視点の株主を増やすことも課題であろう。

2. 企業の成長ステージや業種特性に即したESG情報開示の重要性

こうしたIR優良企業以外にも，ESG情報を含む非財務情報開示の強化に取り組む企業が増えている。ただ，その取組み方は，売上高等の規模や業種特性，成長ステージの段階などによって異なる。たとえば上場して日が浅い企業や成長ステージの第1段階にある企業は，一般的に事業戦略を説明して投資家の信頼を得るIRが優先され，ESG専任組織を設けて説明するのはむずかしい場合がよくある。また公益性の高い業種や，環境に負荷をかける事業をもつ業種に属する企業は，ESGという言葉が知られる前から取組みをはじめており，独自の指標とSDGsなどの共通概念とのすりあわせに努めている。

ESGをはじめとする非財務情報の開示には唯一のモデルはなく，企業の規模，業種の特性を考慮してIR活動を実施することが重要である。企業理念を共有し，自社の特性を考慮してIR活動を実施している企業は，たとえ形が不十分でもIR評価が高いことも少なくない。それを企業も投資家も認識して取り組むことが，ESG情報開示の質を高めると考えられる。

Ⅳ　IR変革に対する投資家の反応と評価

1. ESG投資の拡大

　企業が中長期視点で非財務情報開示を開示し，株主・投資家との対話機会を増やすIR変革が進むことを，投資家はどのように受け止めているのだろうか。投資家の変革は，本書でも詳しく解説されているが，IR関係者に注目されているのがESG投資の導入である。ESG投資，すなわち受託者責任を果たしながら，企業と社会の持続可能性に貢献する投資手法は急速に拡大している。さかのぼれば2008年の金融危機以後，投資の短期指向が見直され，国連が提唱する「責任投資原則」（Principles for Responsible Investment：PRI）に署名する機関投資家が年金基金などを中心に拡大した。こうした投資家は，E（環境），S（社会）に配慮し，G（ガバナンス）によって経営の規律を確保している企業に投資するなどして投資パフォーマンスを向上させる。決算等の財務情報のみならず，持続的成長の源を示す非財務情報を活用して投資判断し，企業との建設的対話を通じて中長期の企業価値向上にも貢献する。

　日本の機関投資家も，2014年の日本版スチュワードシップ・コードの導入を機に積極的に参画している。とくに2016年にGPIFが投資原則を改訂，2017年には国内株を投資対象にしたESG指数の選定・投資を開始。この動きが機関投資家のさらなるESG投資や，企業のESG情報開示を促している。日本サステナブル投資フォーラム（JSIF）が国内に拠点を有する58の機関投資家を対象にしたアンケート調査によると，回答した32機関の2017年3月末における総運用残高のうち，ESG（サステイナブル）投資は136.6兆円（35％）であり，2016年9月末に比べて2.42倍，19ポイント増加した。特徴は，①ESGインテグレーション，エンゲージメントという運用手法の割合が大きい，②複数の運用手法を組み合わせる機関投資家も多く，その影響が，「ポジティブ（ベスト・イン・クラス）・スクリーニング」「議決権行使」「エンゲージメント」「ネガティブ・スクリーニング」「国際規範に基づくスクリーニン

グ」の増加に表れている、という。

ESG投資においては、非財務情報の活用や中長期視点での対話が従来以上に重みを増す。IR活動の評価にも、その変化が表れている。

2. IR評価の変化—IR優良企業賞の項目別評価の推移から

それでは具体的に、投資家のIR評価において、どのような変化が表れたのだろうか。「IR優良企業賞」の審査結果を基に報告する。

アナリストや投資家が担当する第2次審査結果（IRスコア）を8つの審査項目別に調べてみると、過去10年間の平均点は、高い順に「Ⅰ．IR活動の目標設定」「Ⅶ．IR担当者の姿勢・適性」「Ⅱ．IR組織・体制」「Ⅴ．情報開示に対する姿勢」「Ⅷ．IRツール＆イベント」「Ⅲ．経営トップの関与度」「Ⅵ．IR活動のフィードバック」「Ⅳ．コーポレートガバナンス」となる（表9-2）。

この順位は、アナリスト・投資家はIRの「現場」、すなわちIR担当者の対応や説明会資料の詳細さなどを高く評価していることの表れといえる。企業の立場からは、IR体制の強化や説明資料の充実が評価されたと受け止められるが、アナリストや投資家の立場に立つと、「窓口」としてのIR部門のす

表9-2　IR優良企業賞第2次審査通過企業平均点の推移

		2007	2008	2009	2010	2011	2012	2013	2014	2015	2016	2017	平均
Ⅰ．	IR活動の目標設定	72.39	73.59	72.44	70.70	74.20	72.40	72.96	73.58	74.24	73.25	73.53	73.03
Ⅱ．	IR組織・体制	71.35	71.86	71.20	70.38	74.49	73.45	73.33	73.84	73.71	72.34	73.04	72.64
Ⅲ．	経営トップの関与度	66.97	67.23	70.00	67.93	71.32	70.08	71.41	71.16	70.34	68.65	69.25	69.49
Ⅳ．	コーポレートガバナンス	66.22	66.97	66.94	64.68	65.54	64.29	64.87	65.57	65.88	66.37	67.39	65.88
Ⅴ．	情報開示に対する姿勢	69.06	70.58	70.02	69.07	71.82	70.49	71.72	71.07	71.53	70.51	70.02	70.54
Ⅵ．	IR活動のフィードバック	69.78	70.34	68.51	67.81	70.90	68.71	69.81	69.60	70.46	68.62	69.12	69.42
Ⅶ．	IR担当者の姿勢・適性	70.85	72.37	71.53	71.24	74.18	72.91	73.81	73.68	73.86	73.04	71.61	72.64
Ⅷ．	IRツール＆イベント	68.56	69.70	69.26	68.04	71.04	70.66	71.31	71.46	71.60	69.92	69.04	70.05
	総合点	68.42	69.46	69.51	68.14	70.98	69.82	70.58	70.57	70.65	69.62	69.54	69.75

出所：日本IR協議会「IR優良企業賞」審査結果。

ばやい対応や，業績予想などに役立つセグメント情報の継続開示，経営トップとの対話の確保などを強く求めていることの裏返しともいえる。

項目別評価をみると，コーポレートガバナンスやIR活動のフィードバックの評価が低い。総務部門や事業部門など関連部門の連携が十分でないからとも考えられるが，アナリストや投資家も，ガバナンスの評価軸を10年前から確立していたとはいいにくい。ダブル・コードの導入によって，ESG情報の活用や中長期視点での分析が急務となり，ガバナンス説明会やIR Dayなどへの関心も高まったというのが実情ではないだろうか。これを反映するように2012年ごろからコーポレートガバナンスの評価は改善し2015年以後は大幅に上昇している。IR活動のフィードバックの評価も上昇傾向にある（図9-3）。

図9-3 2007年から17年までの「IR優良企業賞」項目別評価

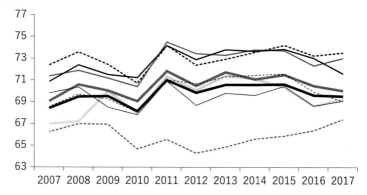

- ---- Ⅰ．IR活動の目標設定
- ── Ⅱ．IR組織・体制
- ── Ⅲ．経営トップの関与度
- ⋯⋯ Ⅳ．コーポレートガバナンス
- ── Ⅴ．情報開示に対する姿勢
- ── Ⅵ．活動のフィードバック
- ── Ⅶ．IR担当者の姿勢・適性
- ⋯⋯ Ⅷ．IRツール＆イベント
- ── 総合点

出所：日本IR協議会「IR優良企業賞」審査結果。

3.「ESG」「ガバナンス」への具体的な評価や改善への期待コメント

　第2次審査を担当するアナリストや機関投資家などは，8項目にわたる35設問を5段階で評価するのに加え，対象企業の「とくに評価する点」「今後の改善を期待する点」をコメントしている。そのコメントを「中長期」「非財務」「ESG」「ガバナンス」のキーワードで検索してみると，2015年にあわせて60だったのが2017年には72に増加している。なかでも「ESG」「ガバナンス」に関するコメント数の変化が大きい。

　ESGに関しては，「ESG活動がどのように業績面および企業価値向上につなげられているか，斬新なレポートを期待する」（2015年度，電機）「ESG分野においても説明会の実施など業界他社に先駆けた取り組みを期待」（2016年度，機械）といった，「期待」コメントが多いが，「ESGミーティングを含めて，中長期的な企業の方向性を示している」（2017年度，小売）など，「評価」コメントを得た企業も表れている。

　ガバナンスに関しては，「資本効率やコーポレートガバナンスの考え方などについて，今後はこれらの充実に期待」（2015年度，機械）「コーポレートガバナンスについてのディスカッションの機会を求める」（2015年度，電機）といった「期待」コメントに加え，「IR DAYで社外取締役・議長を登壇させたことは，タイムリーかつガバナンス体制を理解する上で極めて意義のある機会」（2015年度，金融），「海外M&Aの大型化に伴い，企業のグローバル・ガバナンスを強化」（2016年度，金融），「経営トップのコーポレートガバナンス強化などESGへの取り組みに関する意識がより一層高まった」（2017年度，医薬）などの「評価」コメントも目立ってきている。

　IR優良企業の選定理由は，こうしたアナリスト，投資家などの着眼点の変化を反映している。2015年は「対話を経営戦略の策定などに活かした上で，資本生産性に関わる長期目標を明示」，2016年は「ESG（環境・社会・ガバナンス）情報など非財務情報の発信も工夫」，2017年は「全社的にIRに積極的で，社外取締役や事業部門責任者も資本市場に対する理解が深い」など，投資家

の立場を理解したうえで中長期の開示と対話を深め，信頼を得ていることが読み取れる。

V おわりに

　本章では，日本企業と投資家が追求すべきIRのベストプラクティスを，「IR活動の実態調査」結果と「IR優良企業賞」審査結果を基に考察してきた。

　日本企業は2008年の金融危機以後，厳しい状況のなかでもIR活動を継続してきた。2012年第2次安倍政権発足後は，アベノミクス効果を背景に活動を強化し，担当者の対応や資料に対する投資家の評価も安定している。さらに2014年の日本版スチュワードシップ・コード，2015年のコーポレートガバナンス・コードという「ダブル・コード」の導入後は，企業は中長期の視点でESGを中心とする非財務情報開示と対話を活発化させ，投資家の期待も高まっている。ただ非財務情報を企業価値向上に結び付ける説明はむずかしく，それが評価される企業は一部にとどまっている。金融危機前に比べて株価や株式時価総額は伸びているが，それを支えている好調な企業業績も，外部要因に助けられているところが少なくなく，環境変化によって業績が低下すれば，風向きが一挙に変わるおそれがある。

　しかし日本企業が開示と対話の質を高めていけば，長期視点の投資家の支持を得ることは決してむずかしくないと思われる。「IR優良企業」の株式時価総額の平均値は，東証1部上場企業の平均値に比べて中長期的に成長していることが明らかになっており，為替変動といった外部要因によって株価が下落した後の回復も早い傾向にある。実際，近年のIR優良企業賞の審査では，ESGを1つの評価軸として中長期の企業価値向上を経営者とディスカッションできる企業が注目されている。こうした分析や事実から，日本企業が非財務情報と企業価値との結び付きを意識して説明し，対話を充実させて成果につなげていけば，長期視点の投資家の支持を得て，評価も高まると考えられる。日本の資本市場への信頼も高まり，ダブル・コードが目指している

持続的成長と中長期の企業価値向上の現実味も増すであろう。

そのためには，従来以上にお互いの立場を理解し，尊重してコミュニケーションすることが大切である。IRは双方向の対話であるという認識は，日本IR協議会が設立された1993年から続いてきた。ただ，評価してもらいたいという意識が強いあまり，気がつけば自身のアピールばかりになっていたり，意見を聞いても目前の課題対応にしか反映していなかったり……という行動は，企業にも投資家にもあるのではないか。

自分自身が考え，経験や学びに基づいて打ち立てた行動原理に沿って判断する，相手と真摯に向き合う対話から得た「気づき」を尊重し，価値創造や投資リターンに反映させていく……それを時代の流れに即して実現することが，IRのベストプラクティスであると考える。多くの企業が投資家とともにベストプラクティスを実現し，進化し続けることを願って，本章のまとめに代えることとしたい。

[**参考文献**]

佐藤進一郎. 2018.「『IR活動の実態調査2018年』に見る最近のIR活動の傾向」『IR-COM』4.
佐藤淑子. 2018.「フェア・ディスクロージャー・ルールへの対応とIR実務上の課題」『IR-COM』5.
武井一浩編著. 2018.『コーポレートガバナンス・コードの実践（改訂版）』日経BP社.
横尾和浩. 2018.「2017年度IR優良企業講座コマツのIR活動」『IR-COM』4.

column 9 「戦略的提携」の価値 ― 中外製薬−Roche 間の事例

　2015年版の Roche のアニュアルレポートで Shuwan CEO が発しているメッセージ "*Diversity drives innovation*" には度胆を抜かれた。わずか3単語で本質を見事に表現しているではないか。こんなにシンプルで，かつインパクトのある表現に初めて巡り合った。

　Roche の売上高（2017年）は533億スイスフラン（約6兆円），その77%が医薬品事業，23%が診断薬事業から構成される。医薬品事業の売上高では米 Pfizer，スイス Novartis とトップを争う。2000年代前半には売上トップ10にも入らなかった同社が急成長を実現してきたゆえんは，傘下の米 Genentech，「戦略的提携」を結ぶ中外製薬ともども，画期的な新製品の開発＝innovation に成功してきたからにほかならない。

　Innovation を生み出す原動力たる diversity に関して Roche の取組みは広汎である。たとえば日本では女性活用を重要課題と捉え，管理職登用比率を KPI とする企業も増えているが，Roche では女性の管理職登用（とくにコアポジションへの登用）はすでに高い水準にあり，むしろ LGBT，国籍，宗教的な背景，年齢といった様々な多様性の課題に気を配っている。社内において異なる考え方や新しい物の見方を育むことが，問題解決や innovation につながると強く認識しているからである（ちなみに2018年9月に同社を訪問した際に聞いたところ，バーゼル本社には91か国の国籍を有する社員が在籍しているそうである）。

　さらに個人ベースで先進国と途上国，両方の拠点で勤務するといった多様な経験を積むことを重視しており，リーダーとしての資質向上など人材開発上の重要要件として捉えている。そして従業員が働きやすい環境や Well-being を確保することはすべての大前提として位置付けている。

　組織全体における diversity と個人ベースの diversity を醸成するという重

層的な取組みこそ，"*Diversity drives innovation*" の本質であろう。diversity にかかわる定量的な目標の達成がゴールではなく，新薬創出やビジネスモデルなどの innovation につなげることを目的とする。ゆえに人事政策は経営上の重要 21 課題（Material Topics）のなかで，研究開発や世界各市場での成長戦略と同様に，Roche の長期的なコア目的を成就させるための "Tier 1" の優先課題の 1 つとして掲げられている。

　手もとに 1996 年 6 月 24 日号の『日経ビジネス』に掲載された医薬品企業の特集記事がある。代表的な企業 17 社の「21 世紀に向けた戦略」として，「世界の大企業と伍する総合的研究開発型メーカー」を目指すべき企業が 8 社，「特殊領域やニッチ市場に特化して生き残る」であろう企業が 9 社と分類されているが，中外製薬はいずれにも入らず「特定分野間で提携しネットワーク型企業になる」存在として位置付けられている。

　2017 年 11 月，東証株価は 25 年 10 か月ぶりの高値水準に回復した。11 月 8 日付の『日本経済新聞』は 1992 年当時と比較した株式時価総額の増減ランキングを掲載している。増加額ベスト 20 のトップはトヨタ（18 兆円増）であるが，医薬品企業からは武田薬品工業（10 位，3.97 兆円増）と中外製薬（19 位，2.84 兆円増）がランキングされている。中外製薬の増加倍率は実に 10 倍を超え，武田薬品（4.5 倍）を凌いでいる。

　この間，中外製薬はぶれることなく独自路線を貫いてきた。前述の『日経ビジネス』は永山治社長（現会長）のコメントを紹介している。曰く「研究開発力を強化し，有力な製品を出していけば生き残れる」「研究開発力を強化することは，国際化と同義語である」。同社のヒストリーを検証すれば，この考えを踏襲して成功を収めてきていることが確認できる。創薬の手法として化学合成が主流だった当時からバイオテクノロジーに注目し，サイエンスの潮流変化を的確に捉え，各社が躊躇するなかでもバイオ医薬品の製造設備等に思い切った投資を重ね，ビジネスの発展につながるインフラを着々と築き上げてきた。

　2002 年には Roche が過半を保有する大株主となって「戦略的提携」を開

「戦略的提携」の価値 — 中外製薬−Roche間の事例　column 9

始し，Roche製品を日本で販売することで経営基盤を固め，革新的な新薬創出により経営資源を振り向けることが可能になった。その結果，関節リウマチ治療薬『アクテムラ』，がん治療剤（ALK阻害剤）『アレセンサ』，血友病A治療薬『ヘムライブラ』などを生み出し，Rocheグループのネットワークを活用して大型製品化を実現しつつある。

　要は，中外製薬は勝ち残るための経営戦略を粛々と推進しているのである。規模を追求して「総合的」なメーカーを目指すのではなく，自社の得意分野に磨きをかけることによって世界で通用する「強み」を手にすることができた。同時に医師の処方箋が必要ない，薬局・ドラッグストアで購入できるOTCや長期収載品など関連性が薄い事業や資産の売却を進め，販売費及び一般管理費（SG&A）を効率化するなど，コスト構造を大幅に改善してきた。日本の医薬品企業がグローバル企業に対峙できる成功モデルの1つとして，高く評価されている。

　中外製薬はRocheとの関係について，Autonomy（自主性）を確保した経営であることを強調する。一方で「Rocheの研究開発に対する要求は厳しく，中外製薬は刺激を受けている」といった証券アナリストの見方も耳にする。筆者はどちらもそのとおりだと受け止めているが，日本的経営の良さを堅持しつつ，Roche経営のよい部分を巧みに取り込んできた絶妙なバランスによる成果といえるではないだろうか。

　たとえばRocheの好影響は，中外製薬が同業他社よりも先進的な人事政策を展開していることに現れているように思う。「人財」と表現しタレントマネジメントを重視し，その取組みを明快かつ積極的に開示している。このことから社内では透明性の高い運用が行われているものと想像する。またdiversityに関してはジェンダー以外に国籍やシニアに関する課題も重要であることに言及しており，関連するKPIをアニュアルレポート等で説明している。ここまで踏み込む日本企業はまだまだ少ない。

　diversity同様にホットなテーマである「働き方改革」（ワークライフシナジー）への取組みは，在宅勤務率や男性の育児休暇取得率など先駆的な開示データ

図　生産性向上とワークライフシナジー・ダイバーシティ＆インクルージョン

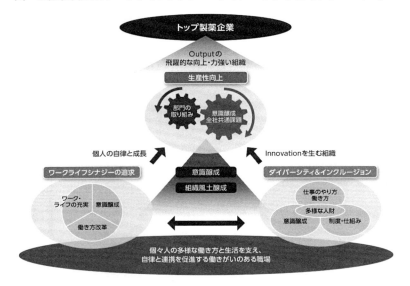

出所：中外製薬株式会社『アニュアルレポート 2017』p.48。

によって裏付けられている。さらに，この2つの大きなテーマが独立した取組みではなく，生産性の向上やイノベーションにつながる統合的な人事政策であることが体系化されている。

　おそらく中外製薬は新薬創出にとどまらず，優れた人財という点においてもRocheグループに対して貢献したいと考えているのではないだろうか。一朝一夕に達成できるものではないが，腰を据えて「一歩先を行く」人事政策を展開しているだけに決して絵空事ではないようにも思える。もし将来そのようなグローバル人財を輩出する時期を迎えるならば，その時に「戦略的提携」の成果を改めて評価すべきなのかもしれない。

第10章

日本企業の統合報告書の成果と課題

I はじめに

　Eccles and Krzus（2010）でも引用している Goldstein（1978）が「特定の分野において，発見を誘発する雰囲気があったり，ある重要問題を解決するための最善の方法に関する共通感覚があったり，あるいは多くの個人が同じ方向で同時に作業することがある。この結果，しばしば重要な新発見は，若干異なる経緯で結論に至るものの，様々な異なる人々が，同時に，あるいはほぼ同時にかかわっているのである」と指摘している科学上の発見のパターンは，近年の企業情報開示の展開を鑑みるときに，深い共感を覚えるものだ。

　社会生活のあらゆる場面でグローバル化が進展し，関係性が複雑化してきている。たとえば，企業のサプライチェーンの範囲だけでなく，深さをともなう広がりは，あらゆる種類のリスクが絡み合う事態を生じさせ，システミックリスクへの対応が企業価値に甚大な影響を与えることが懸念されている。また，ひそやかに，あるいは緩慢に忍び寄る気候変動の影響が，ある臨界点に達したとき，「経験したことのない」異常な気象として，経済活動だけでなく人々の生活のあらゆる場面に及びはじめている事実を，われわれは実感している。数年単位ではなく，数十年にわたる変化に対し，長期的な視座に立ち向き合う必然性を，多くの人々がそれぞれの立場で気づきはじめ，具体的な行動をはじめつつあるのだ。

　統合報告書への取組みは，企業が変わりゆく社会のなかで，価値を創出す

る主体として果たすべき役割を担っていくためのコミュニケーション手段の1つである。もちろん，「報告書を作成する」という行為自体には，様々な手法や技術も不可欠である。しかし，それ以上に，企業の誠実さ，姿勢が表れ出てくるものでもある。

そこで，本章においては，主として過去4年にわたる統合報告書の内容の変化を振り返ることを通じて，その成果と課題を考察することとする。

II 統合報告書に関する調査（先行研究）

本章においては，KPMGジャパンが2014年から毎年実施している「日本企業の統合報告書に関する調査」を用いて考察を進めていく。本調査を用いる理由は以下のとおりである。

① 継続して毎年行われており4年分の変化を検討することができる。
② 調査企業の選定基準[1]が一貫している。
③ 企業情報開示の専門家による調査である。
④ 独立した立場に基づく判断に基づいている（作成支援や評価に関与していない）

一方で，異なる対象や手法に基づく調査も実施されているので，3件についてレビューを行うこととする。なお，CSR報告書（サステナビリティ報告書，社会責任報告書等も含み本名称を用いる）は，統合報告書とは異なる目的により作成されている[2]とみなし，除くこととする。

---

1) 統合報告書の定義として，一般的に合意のとれたものは存在していない。用い方も多様であるし，各国の制度上の位置付けにも左右される。このため，本章では日本において発行されている統合報告書の範囲として，企業価値レポーティング・ラボが毎年公表している「国内自己表明型統合レポート発行企業」の企業が公表している報告書を「我が国における統合報告書」として取り扱うこととする。
2) 統合報告書は企業の価値創造ストーリーを経営の視点から語るものであり，通常CSR報告書で記載される内容より対象範囲が広範である。

1. わが国における「統合報告書」の実態調査

　本調査は，日本政策投資銀行（以下，DBJ）設備投資研究所の経営会計研究室が 2015 年 3 月から 4 月にかけて行ったアンケート調査に基づくものである。

　対象企業は，企業価値レポーティング・ラボによる国内統合レポート発行企業リスト 2014 年版に掲載された企業 142 社であり，回答企業数は 91 社で，分析は 89 社に対して実施された。回収率は 64.1％であった。

　本調査の結果については，プロジェクトメンバーによって，「統合思考にみる経済・経営・会計の一体化改革」研究プロジェクトの成果として，日本政日本政策投資銀行設備投資研究所経営会計研究室（2015），神藤（2016）等の論文や，日本会計研究学会第 73 回大会（2014 年 9 月横浜国立大学）や，同 76 回大会（2017 年 9 月）で発表され，DBJ が開催する当該研究会においても議論が行われている。

　アンケートは，国際統合報告評議会（International Integrated Reporting Council：IIRC）が 2013 年に公表した国際統合報告フレームワーク（International Integrated Reporting Framework：IIRC フレームワーク）と WICI（World Intellectual Capital/Assets Initiatives）[3]による統合報告優良企業表彰における審査項目を参考に 18 項目から構成され，以下の 4 つのカテゴリーから構成されている。

　① 「統合報告書」の導入について
　② 「統合報告書」公表への取り組みについて
　③ 「統合報告書」の作成について
　④ 「統合報告書」の公表について

　アンケートの概要については，上記における学会等で発表されており，総括すると以下のような回答結果となっている。

---

[3] http://www.wici-global.com　2007 年に企業関係者，財務アナリスト，投資家，さらに職業会計人や大学等の研究者が参加し発足した任意団体

① 統合報告書に取り組む契機は，開示情報の整理とこれに伴う有効な開示への取り組みとなること。
② 部門間の連携強化が推進した点に，内部的な影響があったと考えていること。
③ 指標の開示としては，営業利益，売上高，ROEを重視していること。
④ 想定ターゲットは，投資家と取引先・顧客とする企業が多い。
⑤ 価値創造プロセスの明示が困難であること。

また，與三野（2018）では，統計的手法における分析も行われている。

一方で，本調査が行われたのは，2015年はじめの一度のみであり，その後の社会的な変化や研究成果，また，企業内の様々な取組みによる成果等についての考察ができない。また，すでに，母数となる企業数のすでに300社を超えている現状を鑑みると，アンケートの再度の実施と分析が行われることを期待したい。

2. Insights into integrated reporting 2.0：walking the talk

本調査は，ACCA（the Association of Chartered Certified Accountants）がIIRCと合同で，2017年に発行された45社のレポートについて行われた。対象は，IIRCが主催する〈IR〉Business Networkへの参加企業となっている。

調査は，IIRCの専門家パネル（the〈IR〉Specialist Panel）に属する6名によってIIRCフレームワークで提唱されている項目について，記載の品質のレーティングを行ったうえで，その裏付けと企業における改善の提言を行うために，6社の責任者にインタビューを実施している。

調査に基づき公表された本報告書は，統合報告書をよりよいものとする企業の取組みの参考になるよう，以下の内容についての好事例を示している。

- 戦略とその成果の関連について（FMO，UniCredit）
- 短期，中期，長期の価値創造について（BASF，Novartis）
- 包括的なビジネスモデル（United Utilities，Far East Tone）

- 価値創造におけるマテリアリティ（Eskon, Aegon）

報告書の提言として，統合報告書に至る統合報告と統合的思考の取組みから，より多くの成果を得るために，組織内で幅広く議論するための10の質問をあげ，企業に対する実践的な活動を提起している。

①　組織と自分自身にとって何が価値なのか
②　自分の組織と競合相手との差別化要因は何か
③　組織のミッションは何か
④　組織はどこにいこうとしているのか（ビジョン）
⑤　ミッションを成し遂げ，ビジョンを実現するためのカギとなるステークホルダーは誰か
⑥　何が成し遂げるためのカギとなる資源なのか
⑦　どのようにしてビジョンとミッションを成し遂げるのか。戦略は何か
⑧　1年，5年，そして10年の単位で，何が変わり，戦略に影響を与えていくのか。それらの変化で，何が違ってくるのか。
⑨　どうすれば，自らの組織がミッションを果たし，ビジョンを実現しているとわかるのか。また，ステークホルダーはどうすれば理解できるのか。
⑩　取締役会に対し，これらの課題についてどう伝えることができるのか。

本調査は，2016年にも作成されており，引き続き行われる予定となっている。しかしながら，日本企業は一社も含まれていない。また，対象となる企業が，統合報告書作成の意味や組織における役割や影響についての理解を有しているものに限定させてしまっていると想定される。

本調査は，IIRCが掲げる統合報告の浸透のための活動の一環でもあることから，開示実態の変化を確認するよりも，その活動を支援する情報提供の目的で作成されている。その点からは，企業にとって示唆に富むものとなっている。

3. 124社の統合報告書の分析
（Integrated Reporting Movement Chapter 6）

　Eccle and Krzus（2015）では，第7章において，124社の統合報告書について分析を行っている。この調査が行われたのは2013年10月であり，2012年の報告書が対象となっている。また，2013年12月のIIRCフレームワークが発行される前に実施されているために，項目については，IIRCフレームワークに先立ち2013年7月に公表されたコンサルテーションドラフトが用いられた。この2つのフレームワークは最終的に大差がないものとなっている。本調査の分析手法については，Eccles and Krzus（2015）の第7章補論として詳細がある。

　彼らの問題意識は，統合報告実践の質こそ重視すべきであり，この調査の時点では，フレークワークの有効性の確認と，主要な読み手とされる投資家にとっての有用性を推し量るために実施された。

　本章にとって注目すべき指摘は，調査対象とされた南アフリカの24社の報告書が，ほか100社と比較して，「出来栄えが良かった」と評価している点である。南アフリカは，キングコード[4]の導入とヨハネスブルグ証券取引所の積極的な対応により，2011年から作成に取り組んできている。著者は，読み手からのフィードバックや他社の取組み等から学ぶなどの実践と努力が，報告書の改善に資するものであると述べている。

　個別の項目をみると，ビジネスモデル，リスクと機会，将来の見通し，マテリアリティの開示のスコアが低くなっており，現状における開示内容とも相通じる結果が示されている。

---

[4] 南アフリカのマービン・キング博士が議長となっている「キング委員会」が公表している報告書。1994年に初版が発行され，2016年11月に最新版となるKing Ⅳが公表されている。

III 日本の統合報告書はどうかわってきたか

　2017年に発行された統合報告書は，企業価値レポーティング・ラボの調べによると341社である。KPMGジャパンによる調査も，本データに掲載された企業の報告書を調査対象として行われている。別の調査として，プロネクサスによるものも存在し，新聞紙上等で400社を超える，という報道でリファレンスがされているが，内訳が明確でなく，具体的な企業名も公表されていないため，データベースとして用いることができない。

　本章においては，まず，2012年から2017年に至るまでの，企業情報開示に影響を与えた出来事について振り返り，その後，統合報告書の概括的な変化，ビジネスモデル，マテリアリティ，リスクと機会，およびコーポレートガバナンスの記載について，その変化をみていくこととする。

　項目の選定にあたっては，前述した先行研究での調査項目，および，統合報告書に取り組む企業との議論のなかで課題となっているものとした。コーポレートガバナンスについては，2014年から政府の成長政策の一環として推進された「コーポレートガバナンス改革」が多くの企業にインパクトを与えていることを鑑みて選択した。ビジネスモデルは，統合報告書が語るべき中心事項である価値創造ストーリーについて，企業がどのように捉えているのかを示すものである。マテリアリティ，およびリスクと機会は統合報告書の構成要素として，投資家のみならず，ステークホルダーそれぞれの立場の意思決定の基本的な情報となるものである。

　コーポレートガバナンスについては，一定の様式による「コーポレートガバナンス報告書」と異なり，企業が重視している事項，有効性を示すために有意であると考える項目，また，統合報告書に期待される「ガバナンス責任者の関与による信頼性の向上」(IIRC 2013)に関連する記載となるものである。

1. 統合報告書を巡る出来事

統合報告書に至る道筋には様々な視点が存在する。たとえば，芝坂（2013）や古庄（2012）などがある。1990年前後から振り返ることも有意義であるが，本章では，昨今の日本企業の取組みの変遷に関する検討を主目的とするため，2012年のIIRCによるIIRCフレームワークのために公開草案（Exposure Draft）が公表されたころからを中心に考察することとする。

これらの出来事をまとめると表10-1のようになる。

概括すると，この時期において，以下のような課題認識がみえてくる。

① 企業価値が見えざるもの（Intangibles）に基づくとの事実認識に浸透と経営資源としての対応
② 情報開示を中心とする企業のコーポレートコミュニケーションの在り方
③ ESGに代表される非財務要素と経営の一体化への模索
④ 経営者や取締役会の企業価値向上にむけた責務と取組み
⑤ インベストメントチェーンを通じた市場機能の向上のための施策（対話など）

これらの課題は今なお発展途上であり，多くの取組みが積極的に行われている。「はやり」の言葉に惑わされることなく，自らの組織の特性や強みを生かすための冷静かつ客観的な視座に立ち，地に足のついた活動が，企業や投資家をはじめとする市場に関係する者個々に求められている。

2. 報告書の形式的概括

統合報告書の発行企業数の変化は図10-1のとおりである。

2011年から2015年までは毎年50％程度のペースで増加を続けていることがわかる。2010年末には，IIRCが設立されているが，その前から，日本においては産官学の取組みとして2007年からWICIの日本支部としての活動が始まっていた。日本公認会計士協会の研究部会，日本ナレッジマネジメント学会等での研究発表などの実績もみられる。また，日本経済新聞社の主催に

日本企業の統合報告書の成果と課題 | 第10章

表10-1 統合報告書をめぐる出来事

年	出来事	属性／地域	備考
2007	Accounting for Sustainability (A4S) 設立	英国	チャールズ皇太子が設立
	WICI (World Intellectual Capital/Assets Initative) 設立	国際	日米欧／産学官による任意団体
2010	International Integrated Reporting Council (IIRC) 設立	国際	GRIと共同で設立
2011	環境省21世紀金融行動原則を公表	日本	
2012	Kay Review 公表	英国	
	Sustainability Accounting Standards Board (SASB) 発足	米国	
	環境省環境報告ガイドライン改定	日本	
2013	Strategic Report の作成スタート	英国	
	日本再興戦略に基づくコーポレートガバナンス改革が始動	日本	年度で改定されて続行中
	IIRCフレームワーク公表	国際	
2014	IIRCによる Corporate Reporting Dialogue (CRD) 設立	国際	
	金融庁スチュワードシップ・コード制定	日本	
	経済産業省「持続的成長への競争力とインセンティブ～企業と投資家の望ましい関係構築～」プロジェクト最終報告書（伊藤レポート）公表	日本	2017年に2.0を公表
2015	金融庁／東京証券取引所コーポレートガバナンス・コード（原案）公表	日本	
	国連による Sustainable Development Goals (SDGs) 公表	国際	
2016	WICIによる WICI Intangibles Reporting Framework 公表	国際	
	TCFD (Task Forceon Climate-related Financial Disclosuers) 設立	国際	報告書は2017年6月公表
2017	金融庁スチュワードシップ・コード改定	日本	
	経済産業省「価値協創のための統合的開示・対話ガイダンス～ESG・非財務情報と無形資産投資（価値協創ガイダンス）」公表	日本	
2018	金融庁／東京証券取引所コーポレートガバナンス・コード改定	日本	

出所：筆者作成。

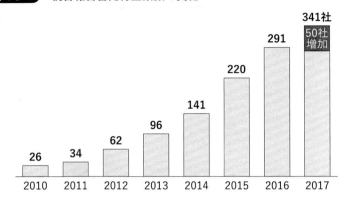

図 10-1　統合報告書発行企業数の変化

注：社数は企業価値レポーティング・ラボ「国内自己表明型統合レポート発行企業リスト」による。
出所：KPMG ジャパン (2017)。

よるシンポジウムなども開催されており，これらの動きに敏感に反応した企業が取組みをはじめていた形跡がある。

そのうえで，IIRC フレームワークの最終化（2013年）や，スチュワードシップ・コードとコーポレートガバナンス・コードの導入にガバナンス改革の動き，国連等の国際機関主導による持続的な社会実現のための企業責任の在り方への意識の向上[5]などが連続して起こり，統合報告書作成にむけた企業の認識を高めていったと思われる。

とくに，2015年から2016年にかけては，CSR 報告書を展開させた内容ではなく，2つのコードを意識した上場企業の取組みが広がったことや，東証一部上場企業の作成企業伸び率（37％）が，全体の伸び率（30％）を上回っていることからも推察される。

作成企業の規模等の属性としては，経年ではあまり変化がみられない。業種別でみると医薬品業界が他業界に比べて取組みが浸透している。世界的に

---

5) 主たるものとして，国連グローバルコンパクト，UNPRI，SDGs などがある。

も優れた報告書には医薬品会社[6]が多く，また，SASBの業種別スタンダードが最初に公表された領域でもある点から，業界としての特性，また，当業界の企業特性が統合報告書の取組みを推し進めているとも考えることができる。

統合報告書の特徴の1つに英語版があわせて作成されている点がある。80％を超える企業が，日本語版発行の1か月以内に公表している。これは，統合報告書の読み手として海外機関投資家を想定してのことである。一方で，東京証券取引所に提出するコーポレートガバナンス報告書の英語版を作成している企業は150社強[7]にとどまっており，統合報告書との開示媒体としての特性の違いが明確となっている。

3. 価値創造ストーリー/ビジネスモデル

価値創造ストーリーは，統合報告書の根幹であり，この実現のためにどのようなビジネスモデルを用い，経営資源を活用し，アウトカムを実現し，持続的に価値を創造し，企業価値につなげていくのかを記載するものだ。

ビジネスモデルを図として提示することは，読み手の理解につながるものだが，同時に，作成にあたっては，全社的な議論と経営者のコミットメントが不可欠ともなる。この点から，価値創造ストーリー，もしくはビジネスモデルを図示している企業は2017年になってやっと50％を超え，65％（222社）となった。2016年が48％（135社）に比べると大幅に伸びている（図10-2）。

その要因については，次の点を想定できる。

① 統合報告書への取組みから数年が経過し，組織内で議論が進み，開示に至った。
② 南アフリカ企業の例にもあるように，統合報告そのものの担当者の理解の深化や，広く認知されてきたことや他社事例の研究などの成果が出てきた。

---

[6] たとえば，デンマークのノボノルディスクは，優れた事例の1つとされている。
[7] 2018年8月，東京証券取引所提供のデータベースにて確認。

図 10-2　価値創造プロセス図またはビジネスモデル図の開示

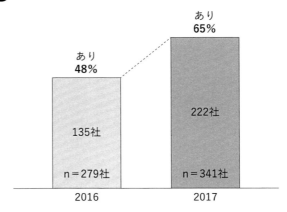

出所：KPMG ジャパン（2017）。

③　新たに統合報告書を作成する企業の多くが「満を持して」の発行とみられ，質の高い内容のものとなっていた。

④　WICIのIntangibles Reporting Framework[8]や経済産業省による「価値協創ガイダンス」[9]の公表により，各記載要素のつながりを示すことの意義がより深く理解されるようになってきた。

また，図の示し方も，2016年ごろからIIRCフレームワークのいわゆる「オクトパスモデル」から脱却した例も増えはじめているようである。

図表での提示は，直感的に訴えることができる反面，誤解を招くおそれのあることも指摘しておきたい。今後は，多様な資本と結びつけた説明や，定量的な情報を加えることで，根幹と価値創造ストーリーが情報の発信者と受信者の対話のベースとして用いられることを期待したい。

---

8)　http://www.wici-global.com/framework_ja（検索日2019年1月10日）。
9)　http://www.meti.go.jp/policy/economy/keiei_innovation/kigyoukaikei/Guidance.pdf（検索日2018年12月5日）参照。

4. マテリアリティ

　マテリアリティについてどのように記載すべきか，多くの企業が苦心をしている点である。実際のところ，マテリアリティについて記載している統合報告書は，2017年においても35％（119社）にすぎない。2015年では，15％（31社）から比較（2014年は調査項目に入っていない）すれば，増大はしているものの，まだまだ検討すべき事項となっている（図10-3）。

　また，統合報告書に求められるマテリアリティの分析と記載は，統合報告書の読み手と想定される企業価値について分析し，何らかの意思決定を行う人たちにとって，有益なものである必要がある。このため，社会や環境の持続可能性との関係でなく，ますます必然となる社会環境を含めた広く経営資源に影響し，企業価値に影響を及ぼす事項について，記載することが期待されている。しかしながら，未だ，CSR項目に対する評価のみとなっている企業が62％（74社）となっている（図10-3）。2015年と比べると大きく改善しているが，これは，2015年に公表されたSDGsに対する認識の高まりにより，社内における検討がCSR担当部署中心から，経営企画など比較的マネジメントに近い部署を巻き込んだ検討になってきているからではないかと，評価プロセスの記載などから想定される。

　しかしながら，統合報告書を読んでいると，「マテリアリティ」の項目以外のところに，企業価値の源泉となるような企業の強みについての記載があることも多い。Eccle and Krzuz（2015）で，取締役会が「マテリアル」と考える事項についてその根拠とともに，企業に影響力があるとする相手に伝える手法として，取締役会の「重要（Significant）な関与者とマテリアリティについての声明」を提唱している。現状では，表明書をして明示している企業は数少ない（2018年で4社）が，読み手の意思決定の判断に至る考察の過程に貢献するものであり，企業の根幹となる考え方を示す有益な情報なのである。

5. リスクと機会

　企業のサプライチェーンが広がり，複雑になってくればくるほど，リスク

図10-3 マテリアリティの開示

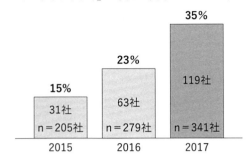

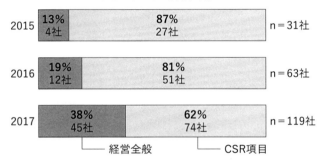

出所：KPMGジャパン（2017）。

も同時に複雑になってくる。また，経営者が考慮すべき時間軸は，本来は長期的なものであるべきであろうが，不連続な環境変化が日常的に起こるなかでは，リスクそのものではなく，その対応の方向性の表明が，企業の持続可能性と価値を判断するうえで不可欠な要素となってきている。その意味で，一般的に認識されているリスクではなく，提供している価値創造とそのストーリーに影響する，その企業特有の事項についての見解を述べることが統合報告書では期待され，リスクと機会の両面からの説明が肝要となる。

図 10-4 リスクの開示

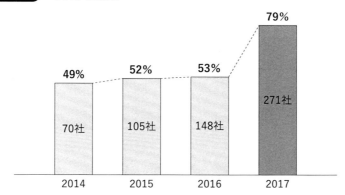

出所：KPMG ジャパン（2017）。

　統合報告書内で，リスクについて独立した項目を示して記載している企業は，2017年に大きく伸びている（図10-4）。しかしながら，多くの企業ではリスクのみの開示となっている。また，リスクと機会の両方を示している企業は62社（23%）あるが，戦略との関連性についての説明は約半数の33社にとどまっている。

　コーポレートガバナンス改革が「攻めの経営」の推進を目的に行われていることを鑑みても，まずリスクマネジメントの在り方を再検討していく必要性が高まるなかで，統合報告書のリスクと機会の説明が充実してくると考える。とくに，SDGsで整理されているような社会としての共有された課題に対し，リスクと機会の双方から検討することは，長期目標を目指し，バックキャスティングの視点からの経営の意思決定にも資するものとなってくる。

6. コーポレートガバナンス

　コーポレートガバナンスと統合報告書の関係を考えるとき，2つの側面がある。1つは，企業の持続的な価値創造と向上にむけた経営に対するコミットメントの表れであり，もう1つは，企業の自主的開示である統合報告書の

内容の信頼性を付与するという機能である。

　コーポレートガバナンス・コードの導入において，東京証券取引所一部上場企業は，コーポレートガバナンス報告書の提出が求められている。90％以上の企業が80％の事項についてコンプライしていると表明している現状である。統合報告書は，形式，内容ともに自由であるので，企業のコーポレートガバナンスの取組み姿勢や質が明確に表れる。

　コーポレートガバナンス・コード導入後最初の統合報告書と思われる2016年と2017年について，企業の持続的な価値創造と向上にむけた経営に対するコミットメントの表れを示す取締役会に関する説明項目のうち，取締役の経験・スキル・選任理由については，社内取締役，社外取締役とも大きく増加している。また，実効性評価についての記載も行われるようになってきた（図10-5）。

　しかし，提供されている情報と戦略との結合性については，役員報酬で10％（32社），組織形態・規模・多様性などの体制設計については4％（12社），選任理由に至っては，2％（5社）という結果になっている。コーポレートガバナンス報告書のように，項目ごとの内容の記載はできても，統合報告書に求められている企業価値を実現するための結合性，取締役会の統合的思考の有り様について，疑問が残る結果となっているといわざるをえない。

　また，統合報告書における内容の信頼性に資する内容となっているかどうかについても，経営者による明確な言及のある企業はわずか4社であり，ステークホルダーに向き合う姿勢の誠実さが不十分である。

　コーポレートガバナンスに対する形式的な対応から実質的な対応への転換の必要性が指摘されているなか，取締役会の説明責任を果たすツールとしての統合報告書の深化を期待する。

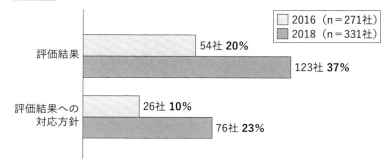

図10-5 取締役会の実効性評価に関する開示

出所:KPMGジャパン (2017)。

Ⅳ 目的適合性のある統合報告書にむけた課題

1. 任意か制度かを超えたところにある目的

　統合報告書の最大の特徴は任意の取組みである,という点にある。つまり,作成者である企業が目的と伝えたいことをはっきりを自ら定義し,対象となる読み手に対し,そのために何をどのような方法で伝えるのかを決定しなければならない。別のいい方をすれば,「自由演技」なのであるから,自在につくってよいものなのである。

　しかし,統合報告書を作成するという作業には,多くの労力と時間が必要で,読み手に理解されなければならないし,何よりも読んだうえで,何らかの行動や成果に結びついていかなけば,継続して取り組むことも不可能である。「ひとりよがり」であってもならないのだ。

　制度的な財務情報が様々な意思決定に及ぼす機能に代わりはない。コンプライアンス上求められる様々な開示情報にも,企業が社会的な存在として「操業」していくためには不可欠であるが,それのみで企業が自らの姿を,適切に説明し,伝えることはできない時代になっている。S&P500企業の市場

価値の80％以上がIntangiblesから形成されているとの報告[10]は，その事実を表す1つである。

企業は多くの関係者との関係のなかでこそ事業を継続でき，そのためには，適切なコミュニケーションが不可欠である。統合報告書に取り組む理由は，「他社も発行しているから」なのではなく，「伝えたいことを伝えるために必要であるから」なのである。

2. 統合報告書は成果の1つで通過地点

統合報告書はあくまでもアウトプットの1つである。社外とのコミュニケーションの質を高める以上に，経営者や社内の担当者が成果を実感でき，その必要性を確認できれば，統合報告書の作成を媒体に，様々なコミュニケーションが深化し，企業の価値向上に有益なものとなる。投資家とのエンゲージメントもその一例である。

統合報告書の質を高める要素の1つに，「結合性」がある。制作過程のなかでは，様々な部署に執筆を依頼し，とりまとめるという作業が一般的には行われるが，提出された原稿を「つなげる」だけでは，統合報告書に結合性は生まれない。それぞれの記載をつなぐものが必要なのだ。自らの組織が創出しようとする価値やそのベースにある企業理念や社是，自分たちの強みや競争力に対する共通の理解，企業の事業環境やリスクに対する認識の共有，さらには，企業が目指すものに対して，自らや自らの部署がどのように関係しているのかについての自覚等があってこそ，統合報告書の一部としての内容が作成されてくる。

統合的に相互に知らせあう仕組みが浸透していれば，統合報告書には，企業の姿を外部に知らせるためのより適切な内容を掲載できるだろう。また，その根底となる企業価値創造ストーリーとその構成要素に対する共通の理解

---

10) よく引用されものにOcean Tomo社の調査がある（http://www.oceantomo.com/intangible-asset-market-value-study/　検索日2018年12月5日）。

と認識も存在していくだろう。取組みを契機に，様々なプロセスや関係者の価値の向上に結び付く「結合性」が実現すれば，さらに，統合報告を通じた目的の実現につながっていくのである。

3. 企業責任を果たすために

　説明責任を果たすことが，社会的存在である企業に求められている。しかし，説明にとどまることなく，責任ある行動がともなっていなければ，持続的な組織となることは不可能である。とくに，社会における課題が複雑化，深刻化してくると，企業による課題解決にむけた取組みがなければ，解決が不可能なことが認識されている。「良いことを行う」「協力をする」という立場ではなく，企業の価値創造ストーリーのなかに，社会的な課題解決への視点を組み込み，社会全体のエコシステムのなかで，その役割を担うことが，財務的・非財務的両面での企業価値の向上に結びついていくのである。

　統合報告書における，過去から現在，現在から将来にむけた一貫したストーリーで，記載内容が現在の経営者の戦略の実現可能性を裏付けることになるであろう。たとえば，KPIなどの定量的な情報で内容の補足などがある。持続的な企業としての信頼を得て，多様な関係者から支持され，彼らの意思決定において「選ばれる」存在としての評価の獲得となっていくのである。

V　おわりに
——持続的社会実現のために統合報告書が担うもの

　統合報告書は，価値創造のための様々な活動を，読み手がわかりやすい形で，外部に対して伝えるために作成される。そのためには，作成する側に「なぜ作成するのか」について，共通の理解がなければならない。たとえば，以下の点がある。

　まず，企業が創造する価値の源泉が，知的財産や組織資産，人的資産など「見えざる資産」にシフトしてきていることだ。

社会的な変化が，これまでは意識してこなかった要素について，組織的に対応し，適応することを求めている。IIRCフレームワークでは，社会・関係性資本や，自然資本などがあげられている。

次に，意思決定や行動に結び付く情報に変化がみられる。これまでの「右肩上がり」の成長が一般的な理解として存在していた側面が否定できないが，いまや不連続の変化や，社会の仕組みを大きく変える動きが頻発している。たとえばGAFA（Google, Apple, Facebook, Amazon）の企業は，一企業でありながら，他企業のサプライチェーンをも大きく変え，人々の価値観やライフスタイルに影響を与え続けている。

過去の連続のうえにある現在，そして，自らの将来について語るのではなく，まず，将来に想定される社会の姿に対する考察と，その産業／社会構造のなかにおける自社の存在価値を見据えて実現にむけたストーリーを，そして，現在の状況を踏まえて示された情報が，受け手に有益なものとなるのだ。たとえば，長期的視点にたつ投資家の意思決定であり，取引をはじめようとする関係先であり，自らの時間を投資しようとする学生などがある。

最後に，内向きからの脱却である。組織内の価値観と，組織外における価値観の相違を客観的に分析することに加え，双方のインタラクティブなシナジーを創出し，Win-Winな関係の構築にむけたコミュニケーションの必要性に対する理解である。表面的なものではなく，ともに持続的な社会の実現にむけて，自らの責任に誠実かつ忠実であろうとする品性の醸成が求められよう。

統合報告の取組みは，"never ending story"であるといわれる。ストーリーは，ひとり，そして自社のみでは成立しえない。統合報告への取組みはそのための挑戦であり，統合報告書は実現のための媒体なのである。

[**参考文献**]

経済産業省. 2014.「持続的成長への競争力とインセンティブ―企業と投資家の望ましい関係構築―」プロジェクト（伊藤レポート）最終報告書.

KPMGジャパン. 2015.「日本企業の統合報告書に関する調査2014」.
KPMGジャパン. 2016.「日本企業の統合報告書に関する調査2015」.
KPMGジャパン. 2016.「日本企業の統合報告書に関する調査2015」.
KPMGジャパン. 2017.「日本企業の統合報告書に関する調査2016」.
北川哲雄. 2017.「ガバナンス革命の新たなロードマップ―二つのコードの高度化による企業価値向上の実現―」東洋経済新報社.
芝坂佳子. 2012a.「統合報告書とはなにか」『AZ Insight』53.
芝坂佳子. 2012b.「統合報告Q&A」『AZ Insight』54.
芝坂佳子. 2018a.「日本企業の統合報告書に関する調査からの考察」『KPMG Insight』30.
芝坂佳子. 2018b.「341社調査で分かった統合報告3つのポイント」『日経ESG』229.
神藤浩明. 2016.「統合報告書公表企業の実態と課題」『国際会計研究学会年報』37.
日本会計研究学会特別委員会. 2009.「財務報告の変革に関する研究」.
日本政策投資銀行設備投資研究所経営会計研究室編. 2015.「設備投資研究所設立50周年記念シンポジウム議事録」.
古庄修. 2012.「統合財務報告制度の形成」中央経済社.
與三野禎倫. 2018.「非財務情報のマネジメントと測定，開示」(DBJ設備投資研究所第16回経営会計研究会).
Eccles, R. and M. Krzus. 2010. *One Report : Integrated Reporting for a Sustainable Strategy*. Wiley & Sons（ワンレポート日本語版委員会. 2012.『ワンレポート：統合報告が開く持続可能な社会と企業』東洋経済新報社).
Eccles, R. and M. Krzus. 2014. *The Integrated Reporting Movement*. Wiley & Sons（北川哲雄監訳. 2015.『統合報告の実際』日本経済新聞出版社).
Goldstein, M. and I. F. Goldstein. 1978. *How We Know : An Exploration of the Scientific Process*. Plenum Press.
International Integrated Reporting Council (IIRC). 2013. The International 〈IR〉 Framework.
Association of Chartered Certified Accountants (ACCA). 2018. Insights into integrated reporting 2.0 : walking the talk.

あとがき

　本書は，北川哲雄先生の青山学院大学大学院国際マネジメント研究科教授退任（2019年3月末）を記念して，先生に指導を受けた者や，先生と研究をともにした者が，それぞれの最新の研究を持ち寄って書籍としてまとめたものです。

　北川先生はアナリスト・投資家としての長年の実務経験を踏まえ，日本では必ずしも十分な注目を浴びてこなかった投資家の視点に着目した研究を行い，学術面および実務面において，わが国における本格的な長期的投資行動の動きを常にリードしてきた研究者です。本書の執筆陣には，そんな先生を慕い，尊敬するメンバーが集まりました。

　本書の特徴は2つあります。1つめの特徴は，本書全体が「投資家の視点」で貫かれている点です。IRはまさに企業と投資家の対話を取り扱ったもので，コーポレートガバナンスも，「伊藤レポート」「スチュワードシップ・コード」「コーポレートガバナンス・コード」の制定に見られるように，投資家の視点が全面的に考慮されるようになってきています。ESG投資は投資家の投資スタンスを取り扱ったもので，SDGsも本書では投資家の視点を踏まえた分析をしています。

　そして本書のもう1つの特徴としては，執筆者が皆，先生と同様に，長年にわたる実務経験があり，かつ研究にも携わっている者であることが挙げられます。

　最新の実務の視点を踏まえて，現状を鋭く分析したものに仕上がっているか否かは，読者の皆さんのご判断にお任せしたいと思いますが，本書が，ほんの少しでも，実務で直面するさまざまな課題を解決するためのヒントとなれば幸いです。

本書の企画を進めるにあたって，編著者の北川先生から各執筆者に対して，「エッジの効いた（とんがった）」内容での論文・コラムを執筆してほしいという要望がありました。先生のご期待に沿えるものとなったかわかりませんが，持ち寄った論文・コラムの内容は，意図したわけではなく，先生の研究分野である，IR，コーポレートガバナンス，ESG投資，そしてSDGsに沿ったものとなりました。日頃からご指導，ご交誼いただくことによって，各執筆者の基本的思考が，先生の思考を色濃く反映するものとなったとするならば，われわれとしては大きな喜びを感じずにはいられません。

　これまでいただいた数々のご恩に対し，衷心より感謝申し上げるとともに，先生のますますのご活躍とご健康を心よりお祈り申し上げます。

2019年1月17日

北川哲雄教授退任記念出版編集委員
加藤　晃，林　順一，姜　理恵，小方信幸

執筆者紹介 （五十音順，2021年1月現在）

市野　初芳（いちの・はつよし）[第6章]
青山学院大学大学院国際マネジメント研究科 教授，税理士法人代表社員　博士（法学・名古屋経済大学）
1987年税理士登録。明治大学大学院経営学研究科博士後期課程中退。1995年愛知学院大学講師，その後助教授，教授を経て2011年より現職。2014年名古屋経済大学大学院法学研究科博士後期課程修了。主な著書（共著）として，『移転価格税制執行の理論と実務』（大蔵財務協会，2010年），『国際課税の理論と実務―73の重要課題』（大蔵財務協会，2011年），『国際課税ルールの新しい理論と実務―ポストBEPSの重要課題』（中央経済社，2017年）など。

岩田　宜子（いわた・よしこ）[column 8]
ジェイ・ユーラス・アイアール株式会社 代表取締役，日本IR学会理事　博士（経済学・京都大学）
慶應義塾大学経済学部卒。IR・ガバナンスコンサルティングビジネスを展開。主な論文に「欧米に遅れる日本企業の資金調達」（ハーバード・ビジネス・レビュー），『投資家・アナリストの共感をよぶIR』（共著，東洋経済新報社，2001年），東証上場会社表彰選定委員を経て「スチュワードシップ・コードとコーポレートガバナンス・コード～日本企業への影響とIR活動～」（代表執筆，同友館，2014年），『中長期投資家を納得させる コーポレートガバナンス・コードのIR対応』（中央経済社，2015年）。「取締役会評価の現状分析と今後の課題」（共著，2017年12月，2019年11月，旬刊商事法務），「取締役会のあり方に関する近時の議論と企業の対応―取締役会の実効性評価により抽出される課題と対応―」，（共著，2019年7月，旬刊商事法務）。

小方　信幸（おがた・のぶゆき）[編集委員，第5章]
法政大学大学院政策創造研究科 教授　博士（経営管理・青山学院大学）
慶應義塾大学経済学部卒業，青山学院大学大学院修了。住友銀行，モルガン銀行東京支店，東京放送，帝京平成大学教授を経て，2019年4月より現職。日本経営倫理学会副会長・ESG投資研究部会長，金融SDGs研究会代表理事，公益社団法人日本証券アナリスト協会検定会員。主な著書は『社会的責任投資の投資哲学とパフォーマンス―ESG投資の本質を歴史からたどる―』（単著，同文舘出版，2016年），『ガバナンス革命の新たなロードマップ』（共著，東洋経済新報社，2017年）。

加藤　晃（かとう・あきら）[編集委員，第8章]
東京理科大学大学院経営学研究科 教授　博士（経営管理・青山学院大学）
防衛大学校国際関係論専攻卒業，青山学院大学大学院修了。貿易商社，外資系損害保険会社，愛知産業大学を経て，2020年より現職。主要著書に『CFO視点で考えるリスクファイナンス』（保険毎日新聞社，2018年），『テロ・誘拐・脅迫 海外リスクの実態と対策』（編著，同文舘出版，2015年），『ガバナンス革命の新たなロードマップ』（共著，東洋経済新報社，2017年），『サステナブル経営と資本市場』（共著，日本経済新聞出版社，2019年），『サステナブルファイナンス原論』（監訳，きんざい，2020年）などがある。

姜　理恵（かん・りえ）[編集委員，第2章]
光産業創成大学院大学 准教授　博士（経営管理・青山学院大学）
名古屋大学経済学部卒業，中央大学大学院修了，青山学院大学大学院修了。資本市場と女性の研究所（CAPW）理事。事業会社，投資会社等を経て2016年より現職。企業と投資家の関係について研究を行う。近年の研究テーマはイノベーション創出を促す経営戦略・財務戦略。主要著書に『インベスター・リレーションズの現状と課題』（単著，同文舘出版，2017年）『ガバナンス革命の新たなロードマップ』（共著，東洋経済新報社，2017年）『D.J.ティース ダイナミック・ケイパビリティの企業理論』（共著，中央経済社，2019年）などがある。

木下　靖朗（きのした・やすあき）［column 6］
ニッセイアセットマネジメント株式会社 株式運用部 上席運用部長　博士（経営管理・青山学院大学）
大阪大学経済学部卒業，ロンドン大学大学院修了，青山学院大学大学院修了。日本生命保険入社後，東京・ロンドンにて国内外株式のアナリスト等を経て，2004年当社入社。2008年より国内株式対話型運用のファンドマネジャー。運用者として EuroHedge Absolute Ucits Awards 2018 等を受賞。主要論文に「なぜ投資家・経営者間の対話は失敗に終わるのか」『経営哲学』（2018年4月）がある。

小崎亜依子（こざき・あいこ）［第4章］
金融庁　総合政策局総合政策課　課長補佐（サステナブルファイナンス）
慶應義塾大学総合政策学部卒業，2002年ピッツバーグ大学公共政策国際関係大学院修了，修士（公共政策マネジメント）。株式会社日本総合研究所において，ESG投融資を実践する金融機関を支援。日本証券アナリスト協会「企業価値分析におけるESG要因研究会委員」などを歴任。2015年株式会社Warisに参画し，多様な働き方の創出や支援を行った後，2020年11月より現職。

近藤　成径（こんどう・しげみち）［column 3, 7, 9］
一般社団法人日本IR協議会　特任研究員
一橋大学商学部卒業後，1988年4月三共株式会社（現　第一三共株式会社）に入社，人事部門・人事研修部門を経て1998年9月より広報IR部門に在籍し，2007年4月より2015年1月までIR・株主総会関連業務の責任者。同年4月青山学院大学大学院国際マネジメント研究科に入学，2017年3月修了（経営管理修士），2020年3月同研究科博士後期課程単位取得退学。2020年より日本IR協議会（JIRA）のスタッフに加わる。共著として『薬価の経済学』（日本経済新聞出版社，2018年）がある。

齋藤　哲哉（さいとう・てつや）［column 2］
社会福祉法人恩賜財団済生会支部 福井県済生会事務局長 福井県済生会病院事務部長
これまでに病院戦略の企画立案から組織マネジメントや財務管理など経営全般に従事している。医療サービスに対してISO9001・BSC・シックスシグマなど融合した独自の組織マネジメントを導入し，第三者評価にて経営の質が認められ，2012年度に日本経営品質賞の大規模部門において日本初の受賞をする。現在は，兵庫県立大学大学院客員教授と大阪府立大学大学院非常勤講師も務める。

櫻井　功男（さくらい・のりお）［column 1］
東京国際大学 言語コミュニケーション学部 兼 Global Teaching Institute 准教授
テューレーン大学大学院修士課程修了／（MBA），青山学院大学大学院国際マネジメント研究科博士課程在籍中。日清食品入社後，ドイツ日清，宣伝部，秘書室，CSR推進室等に在籍。その間，12年に渡り即席麺の業界団体 World Instant Noodles Association の事務局長を兼務。2019年より現職。共著に『社会が選ぶ企業』（日本経済新聞出版社，2018年），『ディベートで学ぶ国際関係』（玉川大学出版部，2001年）がある。

佐藤　淑子（さとう・よしこ）［第9章］
一般社団法人日本IR協議会 専務理事・首席研究員
慶応義塾大学経済学部卒業。同年日本経済新聞社に入社。1993年日本IR協議会に出向。2015年から専務理事。企業や投資家との対話を講演や執筆に活かし，IR活動のレベルアップやIR責任者・担当者育成のための活動を続けている。主要著書に『IRの成功戦略』（日本経済新聞出版社，2015年），『サステナブル経営と資本市場』（共著，日本経済新聞出版社，2019年）などがある。

執筆者紹介

芝坂　佳子（しばさか・よしこ）[第10章]
KPMG ジャパン コーポレートガバナンス センター・オブ・エクセレンス（CoE）パートナー

明治大学政治経済学部卒業。青山学院大学国際政治経済学研究科国際ビジネス専攻修士課程修了，修士（国際経済学）。東京エレクトロン株式会社を経て，アーサーアンダーセン（現在のKPMGあずさ監査法人）入所。リサーチャーとして，各種プロジェクトの支援，海外からのリサーチ依頼等に対応。1995年からはナレッジマジメントも担当。2003年より知的資産経営の推進に関わり，様々な官民における研究プロジェクトに関与する。知識経済社会における企業経営上の課題，特にビジネスレポーティングに関わる調査研究，提言等を行っている。

高山　与志子（たかやま・よしこ）[第7章]
ジェイ・ユーラス・アイアール株式会社 マネージング・ディレクター，ボードルーム・レビュー・ジャパン株式会社 代表取締役　博士（社会情報学・東京大学）

東京大学経済学部卒，エール大学経営大学院卒 MBA 取得。東京大学大学院人文社会系研究科博士課程修了。コーポレートガバナンスおよびグローバル IR 活動に関するコンサルティングに従事，数多くの日本企業の取締役会評価を支援。金融庁・東京証券取引所「スチュワードシップ・コード及びコーポレートガバナンス・コードのフォローアップ会議」メンバー。

林　順一（はやし・じゅんいち）[編集委員，第3章]
青山学院大学国際マネジメント学術フロンティア・センター特別研究員　博士（経営管理・青山学院大学）

慶應義塾大学商学部卒業，英国マンチェスター大学経営大学院修了，筑波大学大学院修了後，青山学院大学大学院修了。MBA，修士（法学）。第一勧業銀行，みずほ証券等を経て，現在，日土地アセットマネジメント株式会社勤務。主要著書に『スチュワードシップとコーポレートガバナンス』（共著，東洋経済新報社，2015年），『ガバナンス革命の新たなロードマップ』（共著，東洋経済新報社，2017年）がある。

林　寿和（はやし・としかず）[第1章，column 5]
ニッセイアセットマネジメント株式会社 ESG 推進室／投資調査室 チーフ・アナリスト

京都大学工学部物理工学科卒業，エジンバラ大学大学院修了，修士（経済学修士），ケンブリッジ大学経営大学院修了，修士（技術政策修士）。文部科学省，株式会社日本総合研究所を経て，2016年より現職。ESG に関する企業調査や，運用プロセスにおける ESG インテグレーションの推進などを担当。最近の著書に『ESG 投資の研究：理論と実践の最前線』（共著，一灯舎，2018年）がある。

松山　将之（まつやま・まさゆき）[column 4]
日本政策投資銀行 設備投資研究所 主任研究員　博士（経営管理・青山学院大学）

大阪市立大学法学部卒，青山学院大学大学院修了。大学卒業後，住友信託銀行（現 三井住友信託銀行）に入社し，市場部門での企画や金融商品開発に従事。08年より現勤務先の民営化プロジェクトの中で財務部門での ALM 企画やその後の金融危機対応を担当。13年より現職。専門分野は，金融商品会計，企業開示。17年より経営企画部サステナビリティ経営室を兼務し統合報告や TCFD 対応にも参画。

編著者紹介

北川　哲雄 （きたがわ・てつお）［序］
青山学院大学大学院名誉教授・東京都立大学特任教授

早稲田大学商学部卒業，同大学院商学研究科修士課程修了，中央大学大学院商学研究科博士後期課程修了。博士（経済学）

シンクタンク研究員，運用機関リサーチャー等を経て2005年より青山学院大学大学院国際マネジメント研究科教授。2019年より現職。

（主要著書）

『経営のサステナビリティと資本市場』共著（日本経済新聞出版社，2019年）

『コーポレートガバナンス・コードの実践　改訂版』共著（日経BP社，2018年）

『ガバナンス革命の新たなロードマップ—2つのコードの高度化による企業価値向上の実現』編著（東洋経済新報社，2017年）

『スチュワードシップとコーポレートガバナンス—2つのコードが変える日本の企業・経済・社会』編著（東洋経済新報社，2015年）

『統合報告の実際』ロバート・G・エクレス著　監訳（日本経済新聞出版社，2015年）

『証券アナリストのための企業分析　第4版』共著（東洋経済新報社，2013年）

『IRユニーバーシティ—IRオフィサー入門』単著（国際商業出版，2010年）

『資本市場ネットワーク論—IR・アナリスト・ガバナンス』単著（文真堂，2007年）

『アナリストのための企業分析と資本市場』単著（東洋経済新報社，2000年）　ほか。

2019年2月23日	初版発行	
2021年6月10日	初版5刷発行	略称:バックキャスト

バックキャスト思考とSDGs/ESG投資

編著者　北　川　哲　雄

発行者　中　島　治　久

発行所　同 文 舘 出 版 株 式 会 社

東京都千代田区神田神保町1-41　〒101-0051
営業 (03) 3294-1801　編集 (03) 3294-1803
振替 00100-8-42935　http://www.dobunkan.co.jp

Ⓒ T. KITAGAWA　　　　　　　　DTP:マーリンクレイン
Printed in Japan 2019　　　　　　印刷・製本:萩原印刷

ISBN978-4-495-20921-6

JCOPY 〈出版者著作権管理機構 委託出版物〉
本書の無断複製は著作権法上での例外を除き禁じられています。複製される場合は,そのつど事前に,出版者著作権管理機構(電話 03-5244-5088, FAX 03-5244-5089, e-mail: info@jcopy.or.jp) の許諾を得てください。